영상전문pd가 알려주는
Premiere Pro 활용법

Adobe Premiere Pro CC

AI를 활용한 프리미어 사용가이드

글 장세인

영상전문pd가 알려주는 **Premiere Pro 활용법**

Premiere와 AI의 만남으로 이제 영상 제작의 혁신이 시작되었다!

WEMAKEBOOK

* 이 책은 wemakebook.co.kr 플랫폼으로 집필되었습니다.

학습 목표

이 책의 학습 목표는 다음과 같습니다.

1. 프리미어 프로 초보자 가이드

프리미어 프로를 처음 접하고 영상 편집과 제작을 시작하려는 초보자들이 기본 개념과 기술을 쉽게 익힐 수 있도록 합니다. 설치와 설정부터 프로젝트 생성, 기본 편집 작업까지 체계적으로 학습할 수 있습니다.

2. AI 기능 활용

프리미어 프로의 최신 AI 기능을 효과적으로 활용하여 작업의 효율성을 높이고, 보다 창의적인 콘텐츠 제작이 가능하도록 돕습니다.

3. GPT와 파이썬을 활용한 생산성 향상

GPT와 파이썬 코드를 사용하여 파일 정리 및 자동화 작업을 통해 업무 생산성을 크게 향상시키는 방법을 소개합니다. 특히 코딩에 대해서 몰라도 GPT가 생성한 코딩을 활용해서 업무 자동화를 할 수 있습니다.

책의 구성

이론과 실습 병행

기본 개념과 이론을 설명한 후, 실제로 따라 할 수 있는 실습 예제를 제공하여 이해를 돕습니다.

최신 기술 활용

프리미어 프로의 AI 기능과 GPT, 파이썬을 활용한 자동화 및 생산성 향상 방법을 구체적으로 설명합니다.

시각 자료 제공

다양한 스크린샷과 예시 이미지를 통해 독자들이 직관적으로 이해할 수 있도록 돕습니다.

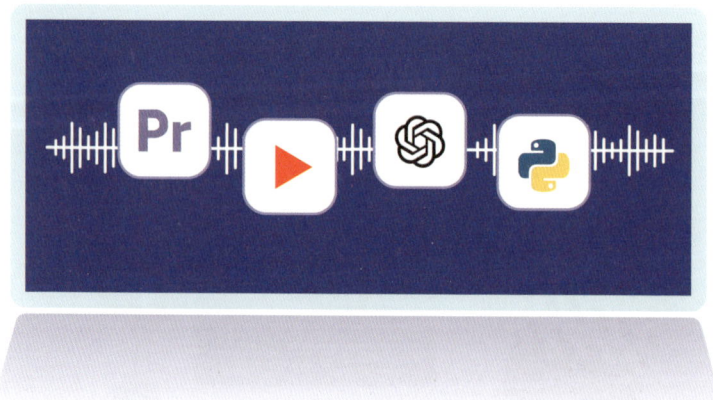

독자 대상

1. 비디오 편집 초보자

- 프리미어 프로를 처음 사용하는 사람들
- 영상 편집 및 제작을 처음 배우는 초보자들

2. 콘텐츠 크리에이터

- 유튜브, 인스타그램, 페이스북 등에서 비디오 콘텐츠를 제작 및 편집하는 크리에이터들
- AI 기능을 활용해 효율적으로 작업하고자 하는 사람들

3. 전문 비디오 편집자

- 비디오 편집을 직업으로 하는 전문가들
- 최신 AI 기술과 자동화 도구를 사용하여 작업 효율성을 극대화하고자 하는 사람들

4. 학생 및 교육자

- 비디오 편집을 학습 중인 학생들과 이를 가르치는 교사들
- 교육 자료로 비디오 편집을 활용하고자 하는 사람들

5. 업무 생산성 향상에 관심 있는 사람들

- GPT와 파이썬을 사용하여 업무 생산성을 높이려는 모든 사람들
- 파일 정리와 자동화 작업을 통해 시간을 절약하고 효율성을 높이고자 하는 사람들

목차

Part1.
프리미어 기본 설정

01. 프리미어 프로 소개	10
02. 프리미어 프로 환경 설정 및 인터페이스 설정	16
03. 프로젝트 시작하기	20

Part2.
기본 편집 과정

04. 기본 편집 작업	28
05. 오디오 작업	36
06. 비디오 효과 및 전환	44
실습 예제 1	53

Part3.
고급 편집 과정

07. 자막 및 그래픽 추가	58
08. 마스크 사용 방법	62
09. 색 보정 및 필터	68
10. 프로젝트 내보내기	75
실습 예제 2	83

Part4.
응용과 활용 과정

11. 키프레임과 애니메이팅	88
실습 예제 3	94
12. 템플릿 사용과 포토샵 연동하기	96
실습 예제 4	100
13. 3점 편집과 멀티카메라 편집	101
14. 네스트(Nesting) 사용방법	106
실습 예제 5	111

Part5.
AI 기능을 활용한 생산성 높이기

15. 자동 캡션 자막 생성 방법	118
16. 자동 오디오 리믹스	123
17. 자동 믹싱 덕킹 (Ducking)	128
18. 자동 편집점 생성 방법	132
19. 자동 색상 일치	135
20. 자동 화면 변환	139
실습 예제 6	143

Part6.
GPT와 코딩을 활용한 영상제작 자동화

21. GPT와 파이썬	148
22. 구글 코랩(Google Colab) 사용 방법	157
23. AI를 활용한 파일 확장명 변경	163
24. AI를 활용한 자동 편집	174
25. AI를 활용한 자동 트리밍	179
26. AI를 활용한 자동 생성	183
27. AI를 활용한 인물 추적과 자동 편집점 생성	190
28. AI를 활용한 썸네일 자동 생성	198
29. AI를 활용한 워터마크 자동 추가	202
30. AI를 활용한 이펙트 자동 적용	207
31. AI를 활용한 포맷별 자동 출력	213

부록

Google Colab과 Gemini를 활용한 코드 생성 방법	162
Adobe Firefly와 Premiere Pro 연계 방법	218
Adobe Express 활용 방법	222
플러그인 및 템플릿 구매 사이트 소개	227
Adobe Premiere Pro 필수 단축키	233

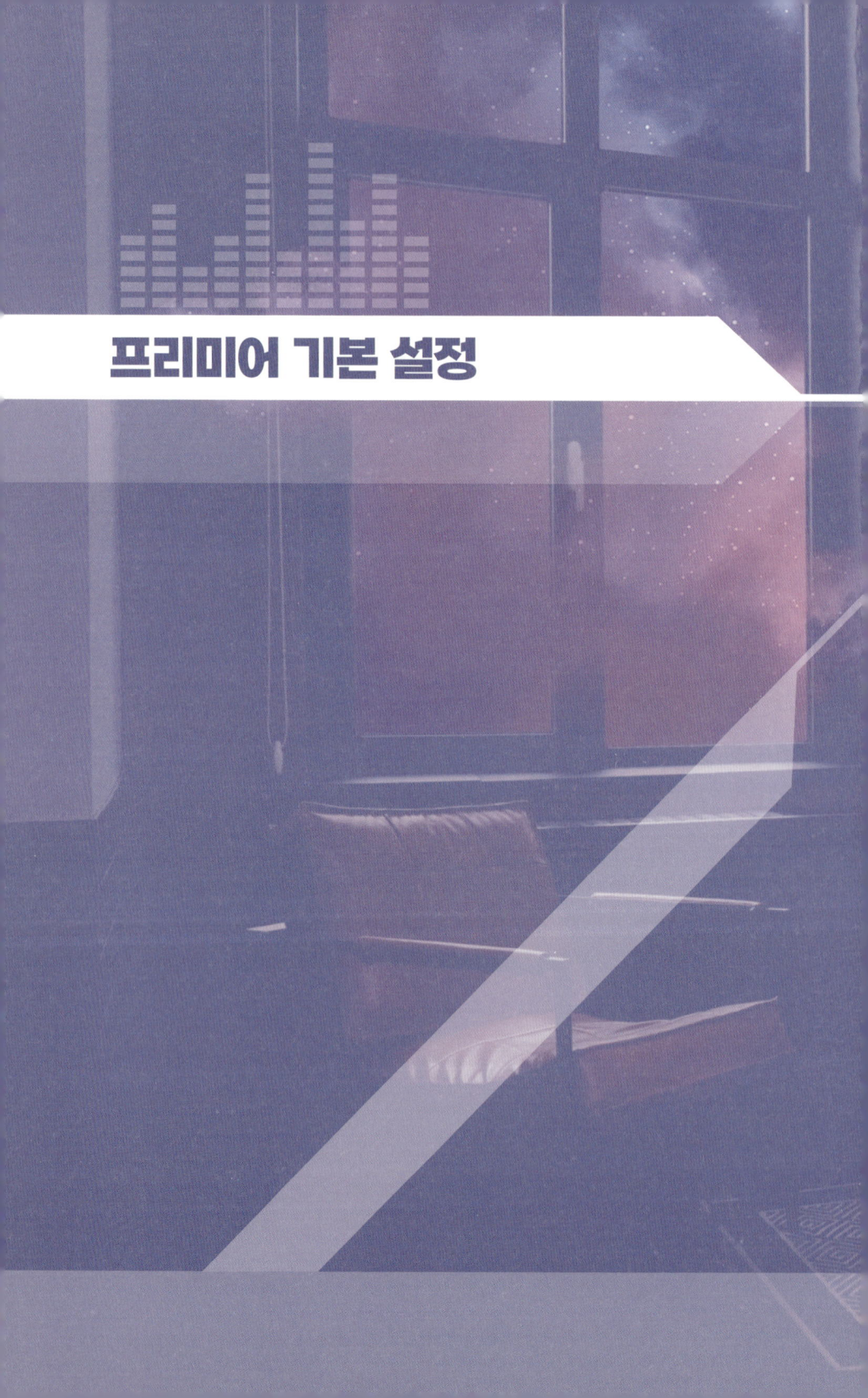
프리미어 기본 설정

PART. 01

CHAPTER 01. 프리미어 프로 소개

CHAPTER 02. 프리미어 프로 환경 설정 및 인터페이스 설정

CHAPTER 03. 프로젝트 시작하기

CHAPTER 01 프리미어 프로 소개

1. 프리미어 프로란?

Adobe Premiere Pro는 비디오 편집을 위한 전문적인 소프트웨어로, 영화, TV 프로그램, 웹 콘텐츠 제작에 널리 사용됩니다. 다양한 포맷을 지원하며, 타임라인 기반 편집, 멀티캠 지원, 고급 색 보정, 오디오 믹싱 등의 기능을 제공합니다. Adobe의 크리에이티브 클라우드 서비스와 연동되어 포토샵, 애프터 이펙트 등의 다른 Adobe 도구와의 호환성이 뛰어나며, 다양한 플러그인과 템플릿을 통해 기능을 확장할 수 있습니다.

2. 주요 기능 및 용도

프리미어 프로는 다음과 같은 주요 기능들을 제공합니다.

- **타임라인 편집:** 다중 트랙 타임라인을 통해 비디오, 오디오, 자막 등을 직관적으로 편집할 수 있습니다.

- **멀티캠 지원:** 여러 카메라로 촬영된 영상을 동기화하고, 빠르게 편집할 수 있는 멀티캠 기능을 제공합니다.

- **고급 색 보정:** Lumetri Color 패널을 사용하여 색상 조정, 스타일링, 색상 일치를 정밀하게 수행할 수 있습니다.

- **오디오 믹싱:** Essential Sound 패널을 통해 오디오 클립을 간편하게 믹싱하고 조정할 수 있습니다.

- **효과와 전환:** 다양한 내장 비디오 효과와 전환 효과를 사용하여 창의적인 비디오를 제작할 수 있습니다.

- **AI 기능:** 자동 자막 생성, 오디오 리믹스, 얼굴 인식 등 AI 기반 도구들을 활용하여 편집 작업을 자동화하고 효율성을 높일 수 있습니다.

3. 시스템 요구사항

프리미어 프로를 원활하게 사용하려면 적절한 하드웨어와 소프트웨어 환경이 필요합니다. 최소 요구사항은 다음과 같습니다:

- **운영체제:** Windows 10(64비트) 또는 macOS 10.15 이상
- **프로세서:** Intel 6세대 이상 CPU 또는 AMD 동등 이상
- **메모리:** 최소 8GB RAM, 권장 16GB 이상
- **그래픽 카드:** 2GB VRAM 이상의 GPU
- **저장 공간:** 프로그램 설치를 위한 8GB 이상의 여유 공간 및 미디어 파일 저장용 추가 공간
- **해상도:** 1280x800 디스플레이 해상도

최적의 성능을 위해 권장되는 하드웨어 사양을 확인하고, 필요에 따라 시스템을 업그레이드하는 것이 좋습니다.

4. 프리미어 프로 구독 방법

Adobe Premiere Pro는 Adobe의 크리에이티브 클라우드(Creative Cloud) 서비스의 일부로 제공됩니다. 구독 방법은 다음과 같습니다:

1. Adobe 공식 웹사이트 방문

- [Adobe Creative Cloud] (https://www.adobe.com/kr/creativecloud.html) 페이지로 이동합니다.

2. 플랜 선택

- **개별 플랜:** Premiere Pro 단독 플랜 또는 모든 크리에이티브 클라우드 앱을 포함하는 플랜을 선택할 수 있습니다.
- **학생 및 교사 플랜:** 교육 할인 혜택을 받을 수 있습니다.
- **비즈니스 플랜:** 팀 및 기업용 플랜도 제공됩니다.

3. 결제 및 설치

- 구독 플랜을 선택하고 결제 정보를 입력한 후, 프로그램을 다운로드하여 설치할 수 있습니다.

구독은 월간 또는 연간 단위로 결제되며, 필요에 따라 언제든지 플랜을 변경할 수 있습니다.

5. 프리미어 프로 설치 방법

1. Adobe Creative Cloud 설치

① Adobe 공식 웹사이트에서 [Creative Cloud](https://www.adobe.com/kr/creativecloud.html) 애플리케이션을 다운로드하여 설치합니다.

② 설치 후, Creative Cloud 애플리케이션을 실행하여 로그인합니다.

③ "앱" 탭에서 **Premiere Pro**를 찾아 설치를 시작합니다.

2. 프리미어 프로 설치

① Creative Cloud 애플리케이션에서 Premiere Pro를 클릭하여 설치합니다.

② 설치가 완료되면, Creative Cloud 애플리케이션 또는 바탕 화면에서 Premiere Pro를 실행합니다.

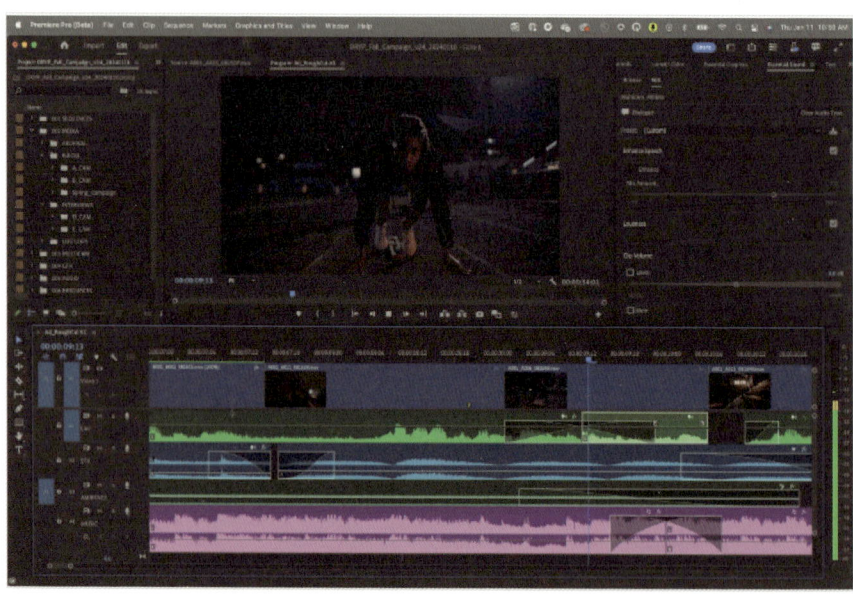

6. 2024년 버전의 특징

Adobe Premiere Pro 2024는 최신 AI 기술을 활용하여 비디오 편집 작업을 더욱 간편하고 효율적으로 수행할 수 있도록 다양한 기능이 추가되었습니다.

1. AI 기반 자동화 기능

자동 자막 생성, 오디오 리믹스, 얼굴 인식 등 AI 기술을 활용하여 편집 과정을 자동화합니다.

2. 향상된 색 보정 도구

Lumetri Color 패널의 개선으로 색 보정 작업이 더욱 정밀해졌으며, AI를 활용한 자동 색상 매칭 기능도 추가되었습니다.

3. 협업 기능 개선

Frame.io와의 통합을 통해 실시간 검토 및 승인이 가능하며, 원활한 협업을 지원합니다.

4. 더욱 강력해진 성능

2024년 버전은 성능 최적화가 이루어져, 더 빠른 렌더링과 안정적인 작업 환경을 제공합니다.

이러한 기능들을 통해 2024년 버전의 Adobe Premiere Pro는 더욱 효율적이고 강력한 비디오 편집 도구로 발전하였습니다.

CHAPTER 02
프리미어 프로 환경 설정 및 인터페이스 설정

1. 기본 환경 설정

프리미어 프로를 처음 시작할 때, 작업 환경을 최적화하기 위해 기본 설정을 조정합니다.

1. 작업 공간 설정

Premiere Pro는 다양한 작업 공간(Workspace)을 제공합니다.

편집, 색 보정, 오디오 작업 등 특정 작업에 맞는 작업 공간을 선택할 수 있습니다.

- 상단 메뉴에서 "Window" 〉 "Workspaces"를 선택하여 작업 공간을 전환하거나, 원하는 대로 커스터마이즈하여 저장할 수 있습니다.

2. 프로젝트 설정

새 프로젝트 생성 시, 프로젝트 파일의 저장 위치, 렌더러, 타임코드 형식 등을 설정합니다.

- **렌더러(Renderer)**는 GPU 가속 옵션을 선택하여 성능을 최적화할 수 있습니다.
- **Scratch Disks** 설정에서 미디어 캐시 및 기타 작업 파일의 저장 위치를 지정합니다.

3. 환경 설정(Prefs)

- "Edit" 〉 "Preferences"(Windows) 또는 "Premiere Pro" 〉 "Preferences"(macOS)에서 환경 설정을 열어 세부적인 설정을 조정합니다.
- **General:** 사용자 인터페이스, 재생 설정, 프로젝트 자동 저장 옵션 등을 설정합니다.
- **Media Cache:** 미디어 캐시 파일의 위치와 용량을 관리하여 성능을 최적화합니다.
- **Memory:** 사용 가능한 RAM의 할당을 조정하여 프리미어 프로의 성능을 향상시킵니다.
- **Auto Save:** 작업 중간에 자동 저장 빈도와 파일의 위치를 설정합니다.

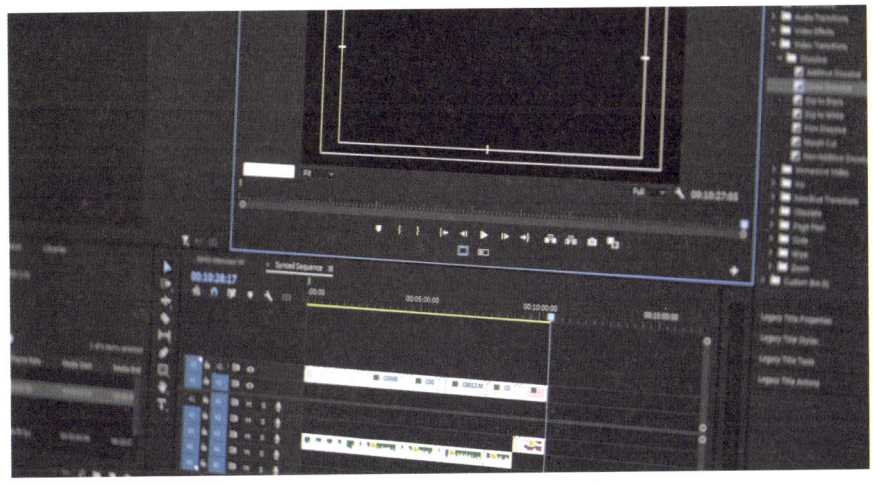

2. 인터페이스 이해하기

Premiere Pro의 인터페이스는 여러 패널로 구성되어 있습니다. 각 패널은 특정한 작업을 수행하는 데 사용되며, 필요에 따라 재배치하거나 크기를 조정할 수 있습니다.

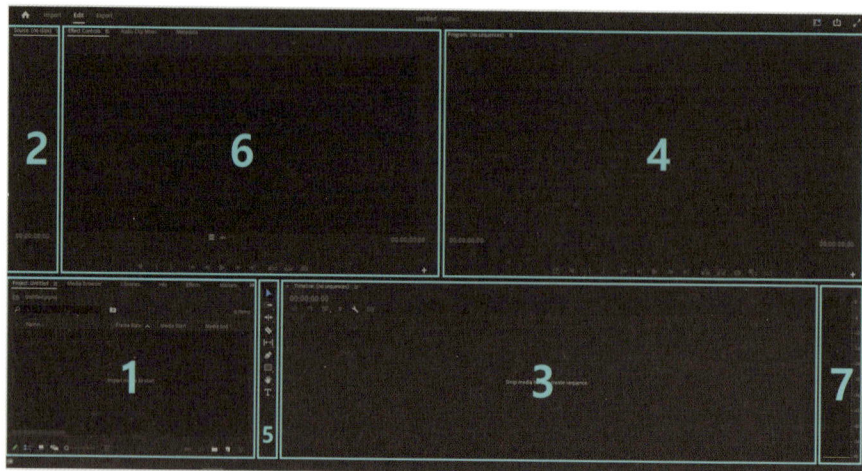

1. 프로젝트 패널(Project Panel)
- 미디어 파일을 가져오고, 시퀀스 및 클립을 관리할 수 있습니다.

2. 소스 모니터(Source Monitor)
- 클립을 타임라인에 추가하기 전에 미리 보고 편집할 수 있는 패널입니다.

3. 타임라인(Timeline Panel)
- 비디오 및 오디오 클립을 배치하고 편집하는 주요 작업 공간입니다.

4. 프로그램 모니터(Program Monitor)
- 타임라인에 편집된 최종 결과를 미리 볼 수 있습니다.

5. 툴바(Toolbar)

- 컷, 트림, 이동 등의 작업을 수행할 수 있는 다양한 도구가 포함되어 있습니다.

6. 이펙트 패널(Effects Panel)

- 비디오 및 오디오 효과를 적용하고 조정할 수 있습니다.

7. 오디오 미터(Audio Meters)

- 프로젝트에서 재생되는 오디오의 레벨을 모니터링할 수 있습니다.

이러한 패널들은 사용자가 필요에 맞게 재배치할 수 있으며, 작업 공간을 저장하여 나중에 쉽게 불러올 수 있습니다.

프리미어 프로의 환경 설정을 최적화하고 인터페이스를 이해하는 것은 작업 효율성을 높이고, 원활한 편집 경험을 제공하는 데 필수적입니다.

CHAPTER 03 프로젝트 시작하기

1. 새로운 프로젝트 생성

Premiere Pro에서 작업을 시작하기 위해서는 먼저 새로운 프로젝트를 생성해야 합니다. 프로젝트는 모든 미디어 파일, 시퀀스, 편집 정보 등을 포함하는 기본 단위입니다.

1. 새 프로젝트 생성
- Premiere Pro를 실행한 후, 시작 화면에서 "New Project(새 프로젝트)"를 선택합니다.
- 프로젝트 이름과 저장 위치를 지정합니다.

2. 프로젝트 설정
- **렌더러 선택:** GPU 가속을 사용하려면 "Mercury Playback Engine GPU Acceleration"을 선택합니다.
- **타임코드 형식:** 영상을 초 단위로 관리할지, 프레임 단위로 관리할지 선택합니다.
- **Scratch Disks 설정:** 임시 파일, 렌더링 파일 등의 저장 위치를 설정하여 프로젝트 파일을 체계적으로 관리합니다.

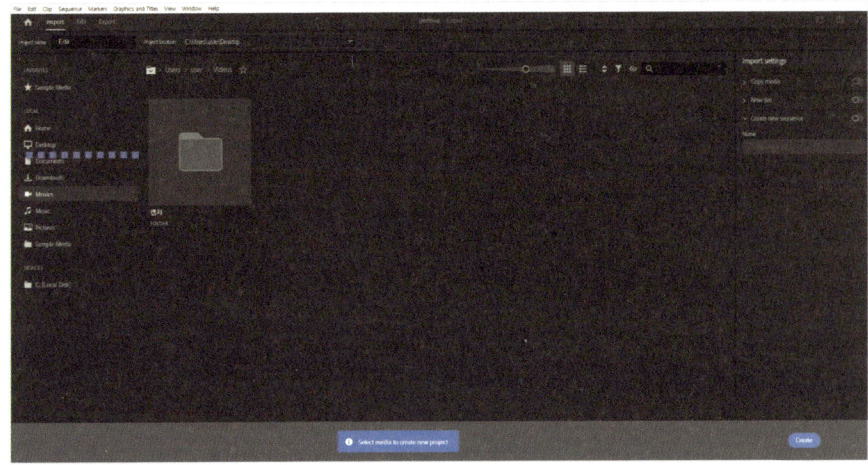

2. 프로젝트 설정

프로젝트 설정은 편집할 미디어의 포맷과 해상도, 프레임 속도 등을 결정합니다.

1. 시퀀스 설정

- 시퀀스는 편집할 영상의 해상도, 프레임 속도, 오디오 설정 등을 정의하는 단위입니다.
- "File" 〉 "New" 〉 "Sequence"를 선택한 후, 미리 제공된 프리셋 중 하나를 선택하거나, 커스텀 설정을 통해 자신만의 시퀀스를 설정할 수 있습니다.

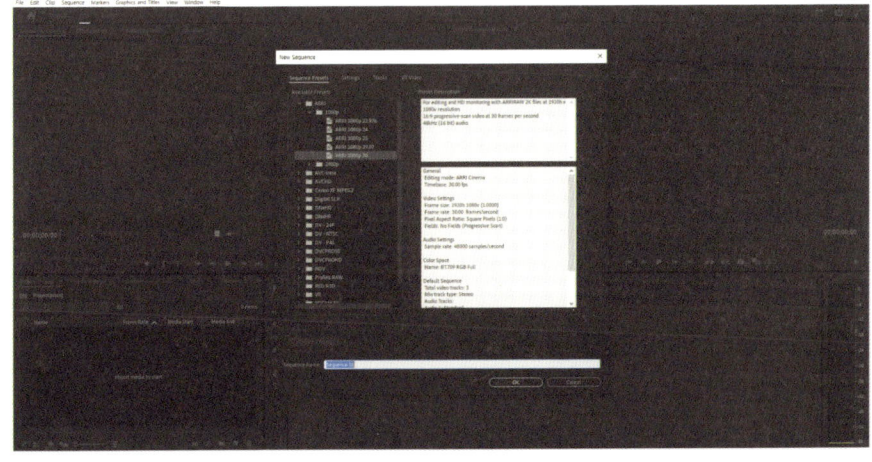

2. 해상도 및 프레임 속도

- **SD (Standard Definition):** 720x480 해상도, 4:3 비율이 일반적이며, 과거 표준 텔레비전 해상도입니다.
- **HD (High Definition):** 1280x720 또는 1920x1080 해상도로, 16:9 비율을 사용하며, 현재 대부분의 방송 및 온라인 콘텐츠에 사용됩니다.
- **UHD (Ultra High Definition):** 3840x2160 해상도 이상을 의미하며, 4K라고도 불립니다. 최신 텔레비전과 고품질 영상 제작에 사용됩니다.
- **프레임 속도:** 시네마틱 효과를 위해 24fps, 일반적인 영상은 29.97fps 또는 30fps, 고속 액션 장면은 60fps를 사용합니다.

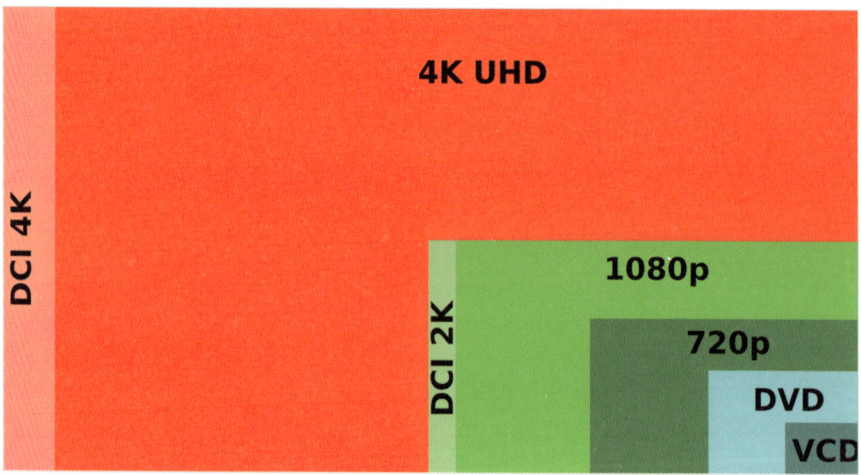

3. 시퀀스 설정 예시 (HD)

- **해상도:** 1920x1080 (Full HD)
- **프레임 속도:** 29.97fps
- **픽셀 종횡비:** 1.0 (정사각형 픽셀)
- **오디오 샘플링:** 48kHz

3. 미디어 파일 가져오기

Premiere Pro에서 편집할 미디어 파일을 가져오는 과정입니다.

1. 파일 가져오기

- "File" > "Import"를 선택하거나, 프로젝트 패널에서 마우스 오른쪽 버튼을 클릭하고 "Import"를 선택하여 미디어 파일을 불러올 수 있습니다.
- 또는 파일을 직접 프로젝트 패널로 드래그 앤 드롭하여 가져올 수도 있습니다.

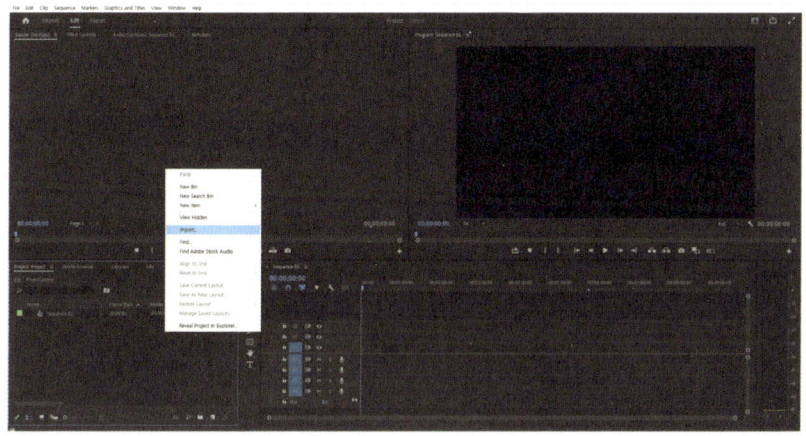

2. 미디어 파일 정리

- 불러온 미디어 파일을 효율적으로 관리하기 위해 폴더(빈)로 정리할 수 있습니다.
- 예를 들어, 비디오 파일, 오디오 파일, 이미지 파일 등을 각각의 폴더로 분류하여 관리합니다.

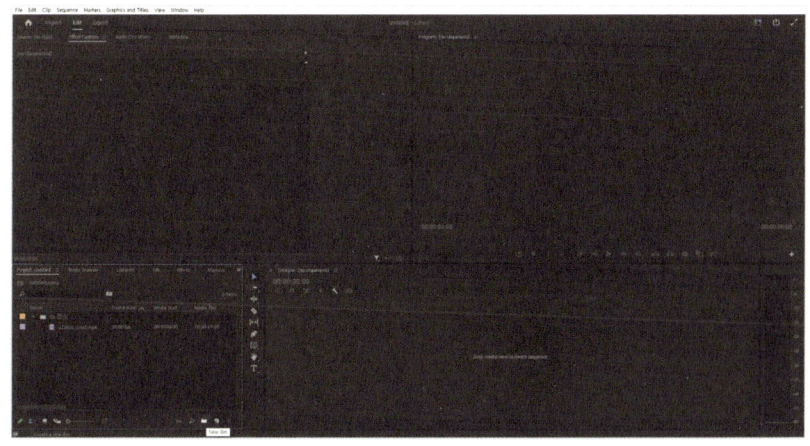

4. 시퀀스 생성 및 관리

1. 새 시퀀스 생성

- 프로젝트 패널에서 "New Item" 〉 "Sequence"를 선택하여 새로운 시퀀스를 생성합니다.
- 시퀀스를 생성한 후, 타임라인에 추가된 클립들을 편집하고, 효과를 적용하는 등의 작업을 시작할 수 있습니다.

2. 다중 시퀀스 관리

- 하나의 프로젝트에서 여러 시퀀스를 생성하여 각 시퀀스를 독립적으로 관리할 수 있습니다.
- 예를 들어, 메인 시퀀스 외에 여러 버전의 편집본을 각각 다른 시퀀스로 관리할 수 있습니다.

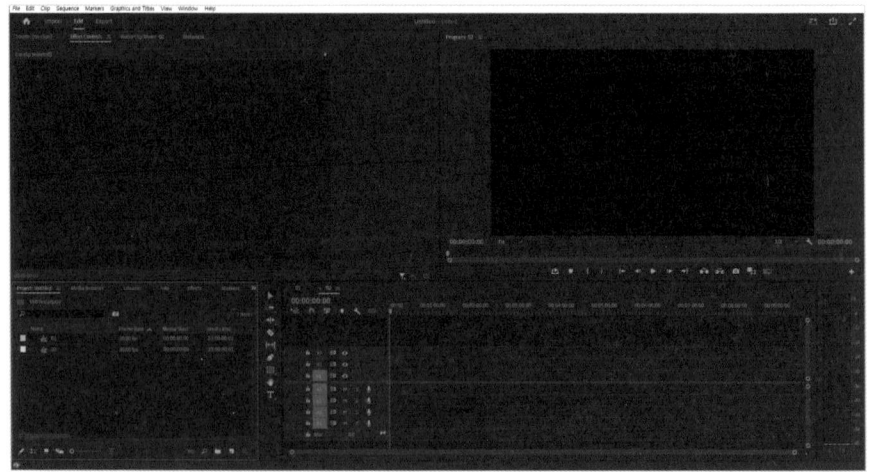

이 과정을 통해 Premiere Pro에서의 편집 작업을 시작할 수 있으며, 프로젝트를 체계적으로 관리하여 효율적인 편집을 할 수 있습니다.

Laboureur dans un champ (1889) Vincent van Gogh (Dutch, 1853-1890)

The Bedroom (1889) Vincent van Gogh (Dutch, 1853-1890)

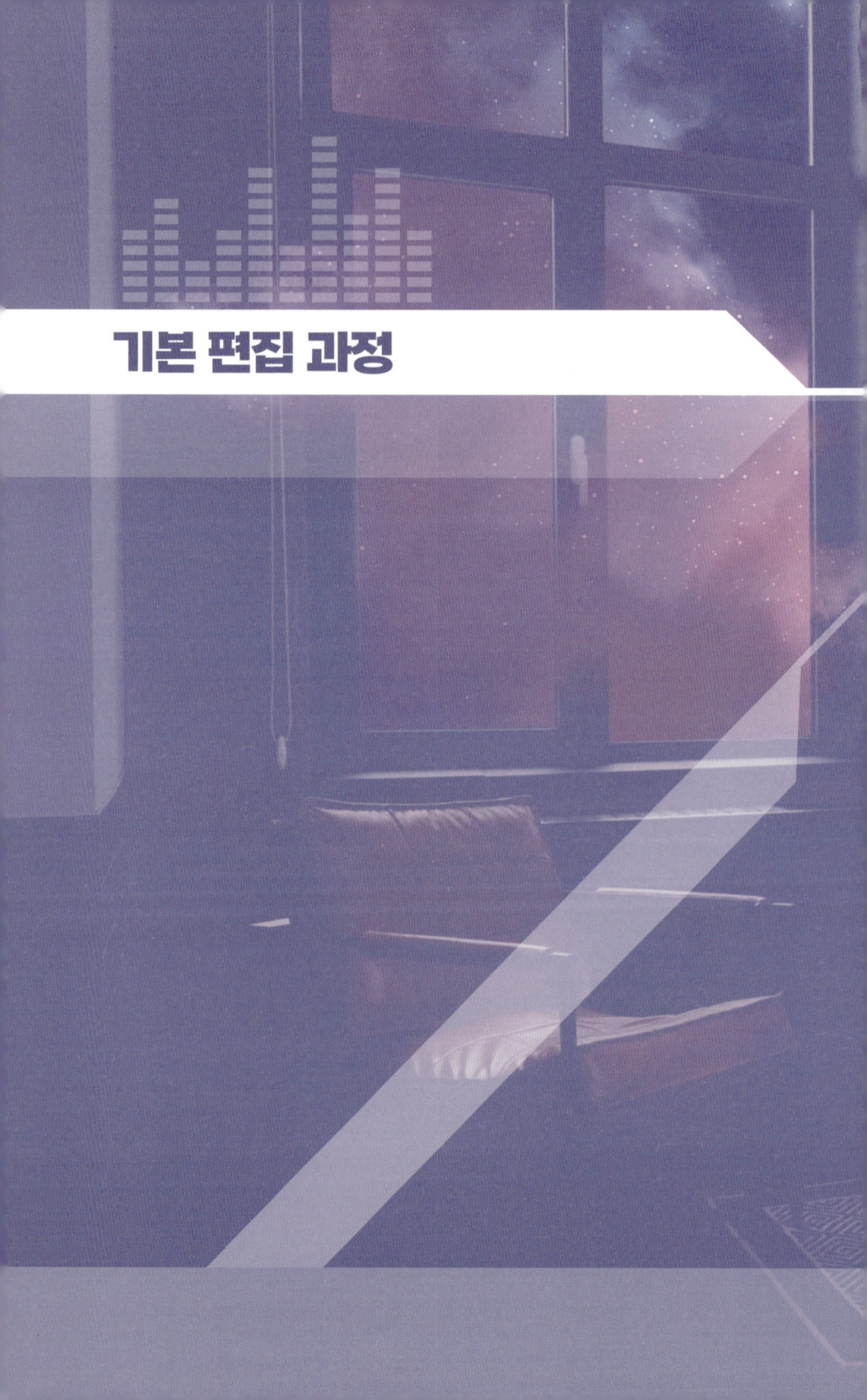

기본 편집 과정

PART. 02

CHAPTER 04. 기본 편집 작업

CHAPTER 05. 오디오 작업

CHAPTER 06. 비디오 효과 및 전환

CHAPTER 04 기본 편집 작업

이 장에서는 Premiere Pro에서의 기본적인 편집 작업과 함께 다양한 편집 기법을 적용하는 방법을 다룹니다. 이러한 기법들을 활용해 영상의 흐름을 효과적으로 조정하고, 이야기의 전달력을 높일 수 있습니다.

1. 타임라인 이해하기

Premiere Pro의 타임라인은 편집의 핵심입니다. 타임라인에는 비디오 및 오디오 트랙이 있으며, 클립을 배치하고 조정하는 작업을 수행합니다. 타임라인에서 작업할 때, 각 클립의 길이와 위치를 정확하게 조절하는 것이 중요합니다.

2. 클립 자르기 및 이동

1. 자르기(Cut)
- **레이저 도구(Razor Tool)**를 사용하여 클립을 원하는 위치에서 자를 수 있습니다.
- **단축키 C**를 눌러 레이저 도구를 활성화한 후, 자르고 싶은 지점을 클릭합니다.

2. 이동(Move)
- **선택 도구(Selection Tool)**를 사용하여 클립을 드래그하여 타임라인 내에서 이동시킬 수 있습니다.
- **단축키 V**를 눌러 선택 도구를 활성화한 후, 클립을 드래그하여 원하는 위치로 이동합니다.

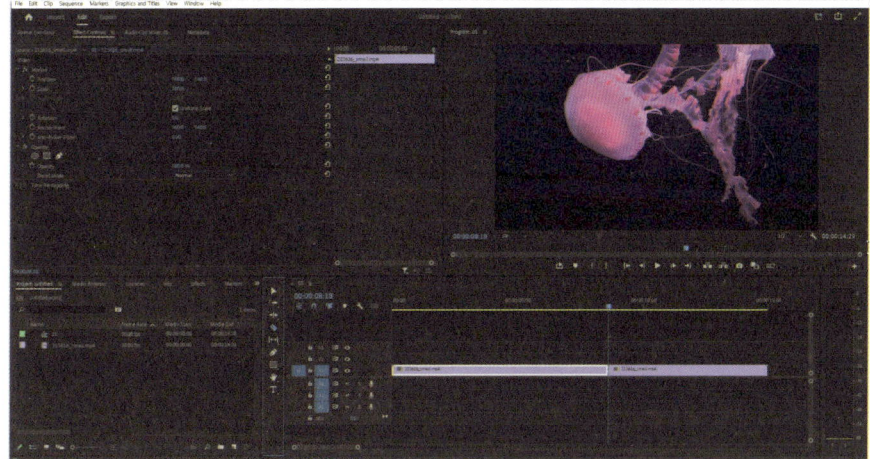

「1. 자르기 예시」

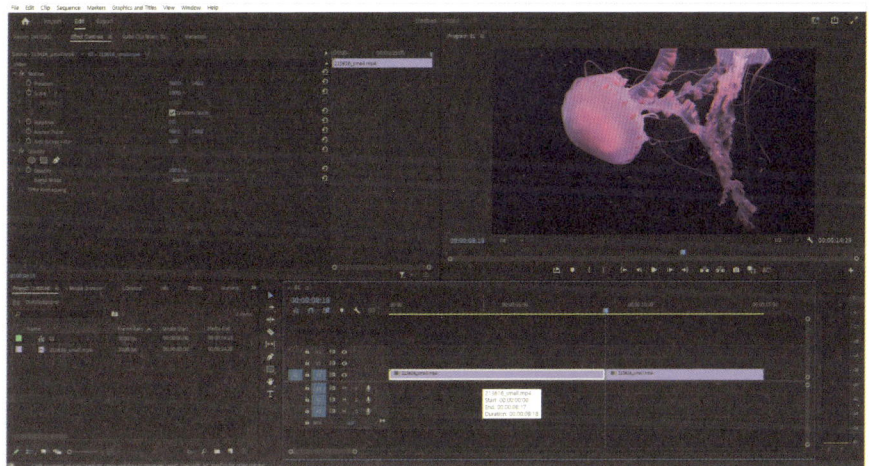

「2. 이동 예시」

3. 클립 정렬 및 순서 변경

1. 클립 정렬
- 클립을 타임라인에 삽입할 때, 자동으로 클립들이 시간 축에 맞게 정렬됩니다.
- **스냅(Snap) 기능**을 활성화하여 클립 간의 간격을 정확하게 유지할 수 있습니다.

2. 순서 변경
- 선택 도구를 사용해 클립의 순서를 자유롭게 변경하며, 이를 통해 편집의 흐름을 재구성할 수 있습니다.

4. 트랙 추가 및 삭제

1. 트랙 추가
- 타임라인에서 마우스 오른쪽 버튼을 클릭한 후, **"Add Tracks(트랙 추가)"**를 선택합니다.
- 필요한 비디오 또는 오디오 트랙의 수를 지정하고 추가합니다.

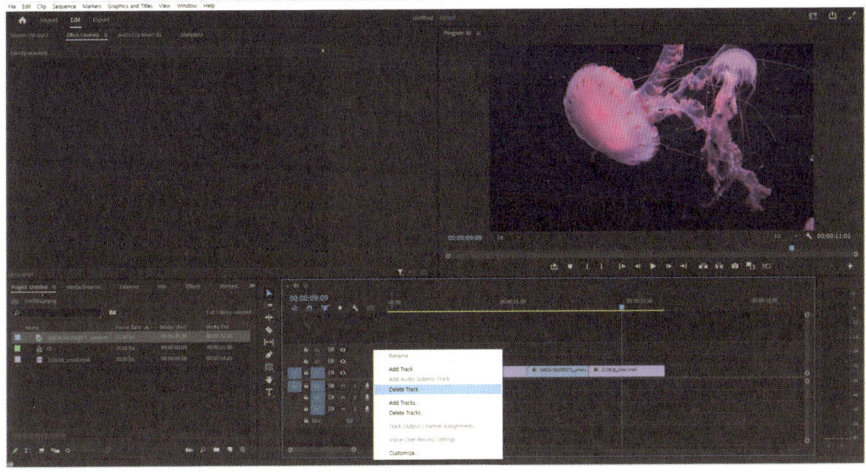

2. 트랙 삭제

- 마우스 오른쪽 버튼을 클릭한 후, **"Delete Tracks(트랙 삭제)"**를 선택해 불필요한 트랙을 삭제합니다.

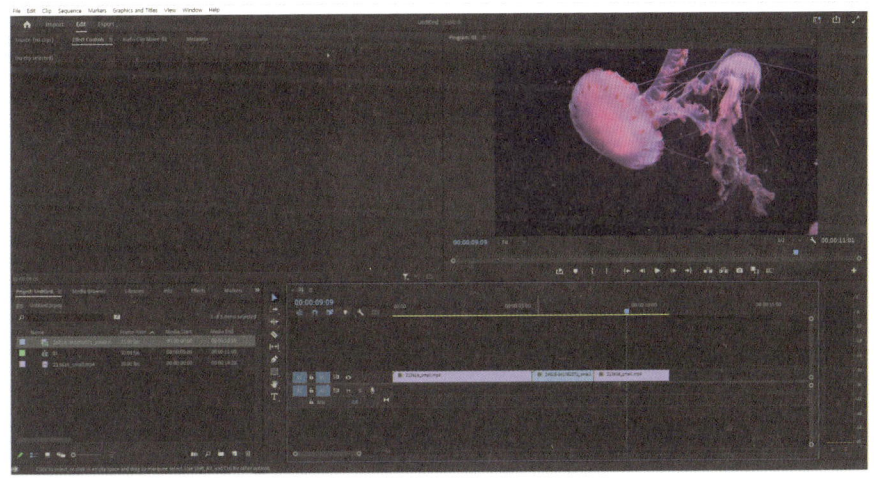

5. 클립 속도 및 방향 조정

1. 속도 조정

- 클립의 재생 속도를 조절하여 슬로우 모션 또는 빠른 재생 효과를 줄 수 있습니다. "Speed/Duration(속도/길이)"에서 설정합니다.

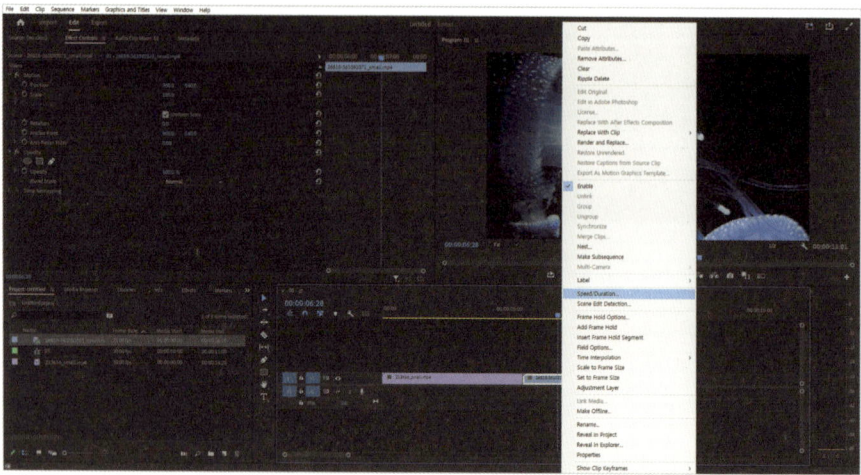

2. 역방향 재생

- «Speed/Duration» 창에서 "Reverse Speed(역방향 재생)" 옵션을 선택하여 클립을 역방향으로 재생할 수 있습니다.

6. 기본 트림 작업

1. 트림 도구 사용

- 트림 도구(Trim Tool)를 사용해 클립의 시작점과 종료점을 조정합니다.
- **단축키 T**를 사용하여 활성화할 수 있습니다.

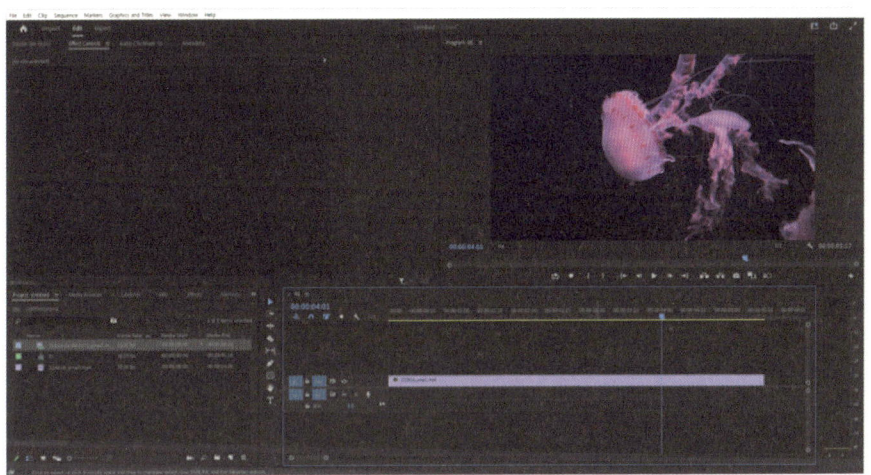

2. 롤링 편집(Rolling Edit)

- 두 클립 사이의 편집 지점을 이동하면서 양쪽 클립의 길이를 동시에 조절할 수 있습니다. **단축키 N**을 사용합니다.

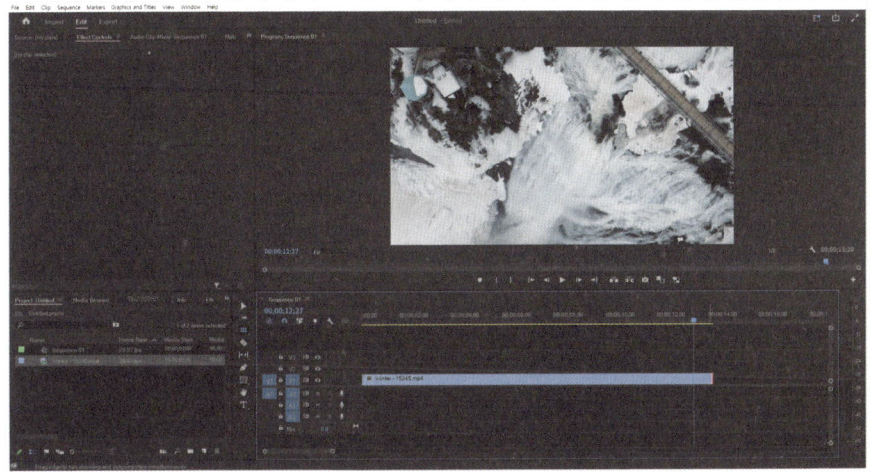

7. 단축키 Q, W, E 사용

1. Q (Ripple Trim Previous Edit to Playhead)
타임라인에서 재생 헤드 위치에서 이전 편집 지점까지의 클립을 삭제합니다.

2. W (Ripple Trim Next Edit to Playhead)
재생 헤드 위치에서 다음 편집 지점까지의 클립을 삭제합니다.

3. E (Extend Edit to Playhead)
현재 클립의 끝을 재생 헤드 위치로 확장합니다.

8. 클립을 타임라인에서 빠르게 찾기 (L, J 키 사용)

1. L (재생 속도 증가)
재생 속도를 빠르게 할 때 사용합니다. L 키를 반복해서 누르면 재생 속도가 빨라집니다.

2. J (재생 속도 감소 및 역방향 재생)
J 키를 눌러 재생 속도를 느리게 하거나, 역방향 재생을 시작합니다.

9. 편집 기법

1. 교차편집 (Cross-Cutting)
- 두 개 이상의 독립된 사건을 번갈아 보여주면서 동시에 진행되고 있음을 암시하는 기법입니다. 긴장감을 높이거나, 사건 간의 연결성을 강조할 때 유용합니다.

2. 몽타주 (Montage)
- 여러 장면을 짧게 편집하여 하나의 장면으로 연결하는 기법입니다. 시간의 흐름을 압축하거나, 다양한 사건을 빠르게 전달할 때 사용됩니다. 예를 들어, 훈련 장면을 빠르게 보여줄 때 자주 사용됩니다.

3. 점프 컷 (Jump Cut)
- 동일한 장면에서 시간이 건너뛰는 듯한 느낌을 주기 위해 의도적으로 끊어서 편집하는 기법입니다. 이를 통해 시간의 압축, 특정 행동의 강조, 혹은 불연속적인 느낌을 줄 수 있습니다.

4. 매치 컷 (Match Cut)
- 서로 다른 두 장면을 연결할 때, 동일한 동작, 형상, 소리 등을 사용해 자연스럽게 전환하는 기법입니다. 이를 통해 두 장면 간의 시각적 또는 의미적 연관성을 강조할 수 있습니다.

CHAPTER 05
오디오 작업

이 장에서는 Premiere Pro에서 오디오 파일을 추가하고 조정하며, 다양한 효과를 적용하는 방법을 다룹니다. 또한, 배경 음악을 추가하고 음성을 녹음하는 방법과 오디오와 비디오의 싱크를 맞추는 방법도 설명합니다. 이러한 오디오 작업은 비디오 편집에서 중요한 역할을 하며, 프로젝트의 완성도를 높이는 데 기여합니다. 무료 오디오, 이미지, 영상 파일을 다운로드할 수 있는 사이트들을 통해 편집 작업에 필요한 리소스를 쉽게 확보할 수 있습니다.

1. 오디오 파일 추가

Premiere Pro에서 오디오 파일을 추가하는 방법은 매우 간단합니다.

1. 오디오 파일 가져오기
- "File" > "Import"를 선택하거나, 프로젝트 패널에서 마우스 오른쪽 버튼을 클릭하고 "Import"를 선택하여 오디오 파일을 가져올 수 있습니다.
- 오디오 파일을 프로젝트 패널로 드래그 앤 드롭하는 방법도 있습니다.

2. 오디오 파일 배치
- 가져온 오디오 파일을 타임라인의 오디오 트랙에 배치합니다. 오디오 트랙은 비디오 트랙 아래에 위치하며, 필요한 경우 추가 트랙을 생성할 수 있습니다.

2. 오디오 조정 및 효과

1. 오디오 볼륨 조정

- 타임라인에서 오디오 클립을 선택한 후, 상단의 "Effect Controls" 패널에서 볼륨을 조정할 수 있습니다.
- 오디오 클립의 볼륨을 타임라인에서 직접 조정하려면 클립의 오디오 레벨 라인을 드래그하여 높이거나 낮춥니다.

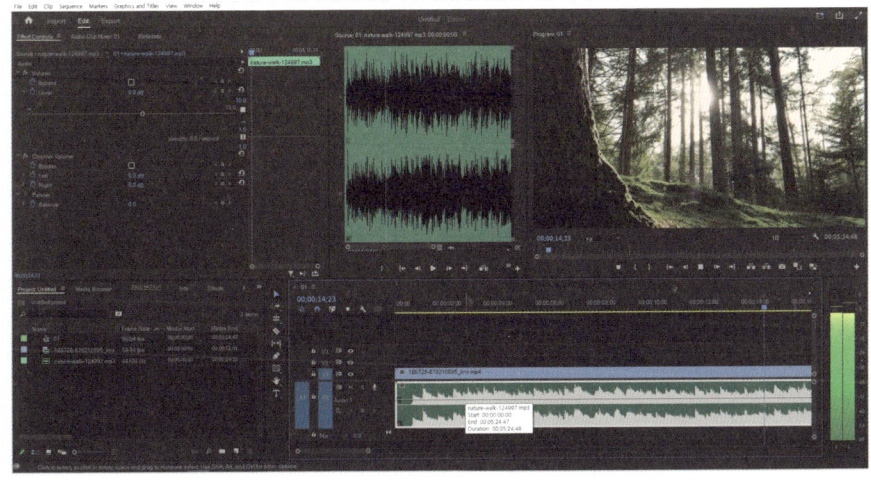

2. 오디오 페이드 인/아웃

- 오디오 클립에 페이드 인 또는 페이드 아웃 효과를 적용하려면, 클립의 가장자리에 마우스를 가져다 대고 드래그하여 페이드를 추가합니다.
- 또는 "Effects" 패널에서 "Constant Gain" 또는 "Constant Power" 효과를 추가하여 부드러운 페이드 인/아웃을 구현할 수 있습니다.

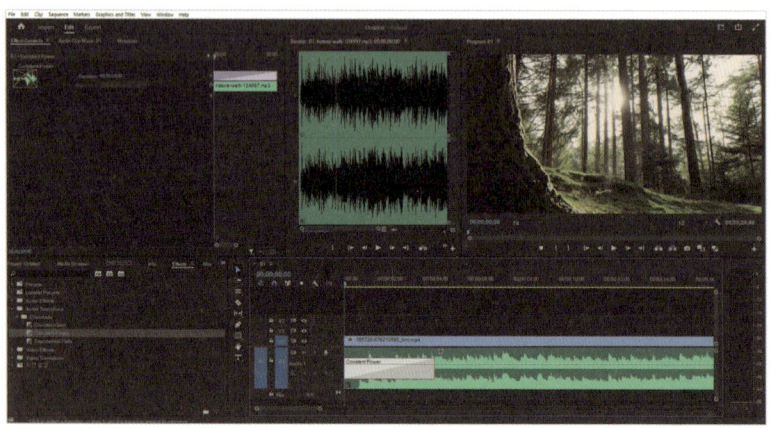

3. 오디오 효과 적용

- 《Effects》 패널에서 다양한 오디오 효과를 선택하여 클립에 적용할 수 있습니다. 예를 들어, "DeNoise" 효과를 사용하여 배경 노이즈를 줄이거나, "Reverb" 효과를 추가하여 공간감을 더할 수 있습니다.
- 오디오 클립에 효과를 추가한 후, "Effect Controls" 패널에서 효과의 강도를 세밀하게 조정할 수 있습니다.

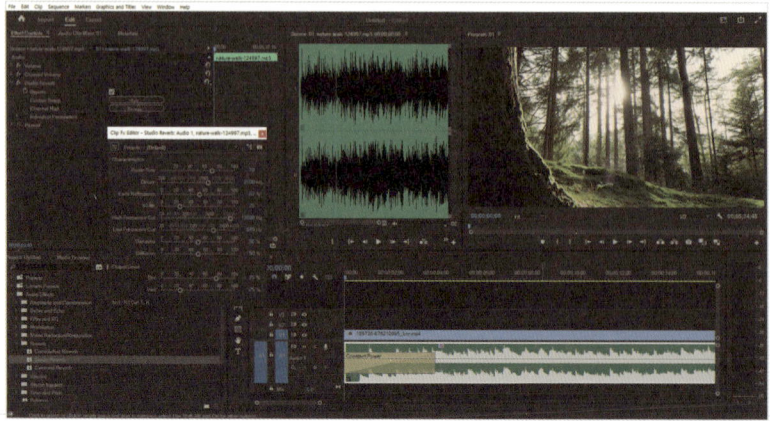

3. 배경 음악 및 음성 녹음

1. 배경 음악 추가

- 프로젝트에 분위기를 더하기 위해 배경 음악을 추가할 수 있습니다. 음악 파일을 타임라인의 새로운 오디오 트랙에 배치하고, 클립 길이에 맞게 조정합니다.

2. 음성 녹음

- Premiere Pro에서 직접 음성을 녹음할 수 있습니다. 타임라인에서 녹음할 오디오 트랙을 선택한 후, 오디오 트랙의 왼쪽에 있는 마이크 아이콘을 클릭하여 녹음을 시작합니다.
- 녹음 중에는 타임라인에서 다른 클립과 함께 실시간으로 모니터링할 수 있습니다.

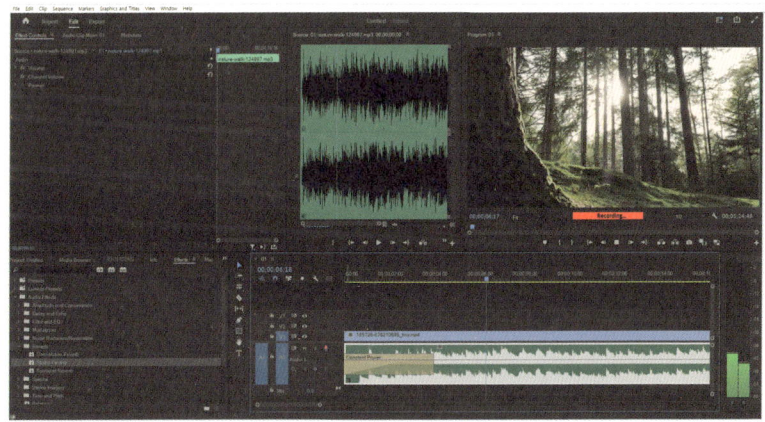

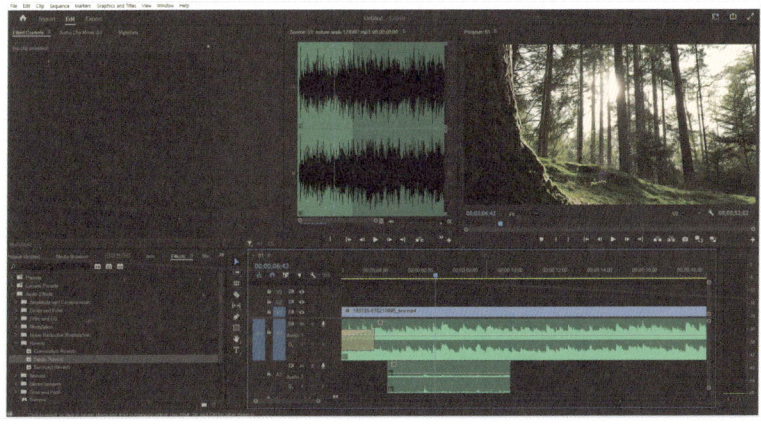

4. 오디오 싱크 맞추기

1. 싱크 조정

- 필요에 따라 타임라인에서 오디오 클립을 수동으로 이동시켜 비디오와 오디오의 싱크를 맞출 수 있습니다.
- 오디오 파형을 눈으로 확인하면서 비디오와 정확하게 일치하도록 조정합니다.

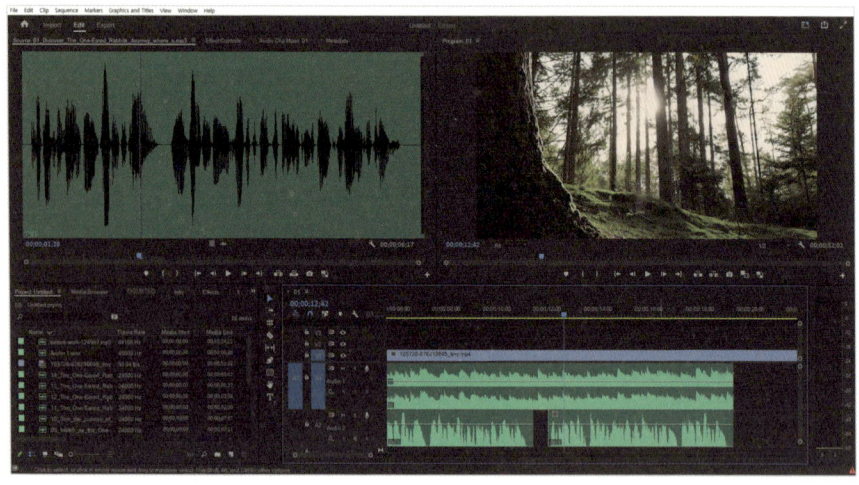

5. 오디오 믹싱

1. 오디오 믹서 사용
- 여러 오디오 트랙을 사용하여 믹싱 작업을 수행할 수 있습니다. "Window" 〉 "Audio Track Mixer"를 선택하여 오디오 믹서 패널을 열고, 각 트랙의 볼륨과 팬(좌우 방향)을 조정합니다.
- 오디오 믹서를 사용하여 프로젝트 전체의 오디오 균형을 맞추고, 각 트랙의 음량을 조정하여 최종 믹스를 만듭니다.

2. 트랙 기반 오디오 효과
- 오디오 믹서에서 각 트랙에 직접 오디오 효과를 추가할 수 있습니다. 예를 들어, 전체 배경 음악 트랙에 이퀄라이저(EQ) 효과를 추가하여 특정 주파수를 강조하거나 감쇄할 수 있습니다.

6. 무료 오디오, 이미지, 영상 파일 제공 사이트

편집에 사용할 오디오 파일, 이미지, 영상 파일을 무료로 다운로드할 수 있는 다양한 사이트들이 있습니다. 아래는 몇 가지 추천 사이트입니다.

1. 오디오 파일

- **Free Music Archive:** 다양한 저작권 프리 음악을 제공하는 사이트로, 다양한 장르의 음악을 무료로 다운로드할 수 있습니다.
- **Freesound:** 다양한 사운드 이펙트와 배경음을 제공하며, 사용자들이 직접 제작한 소리를 공유합니다.

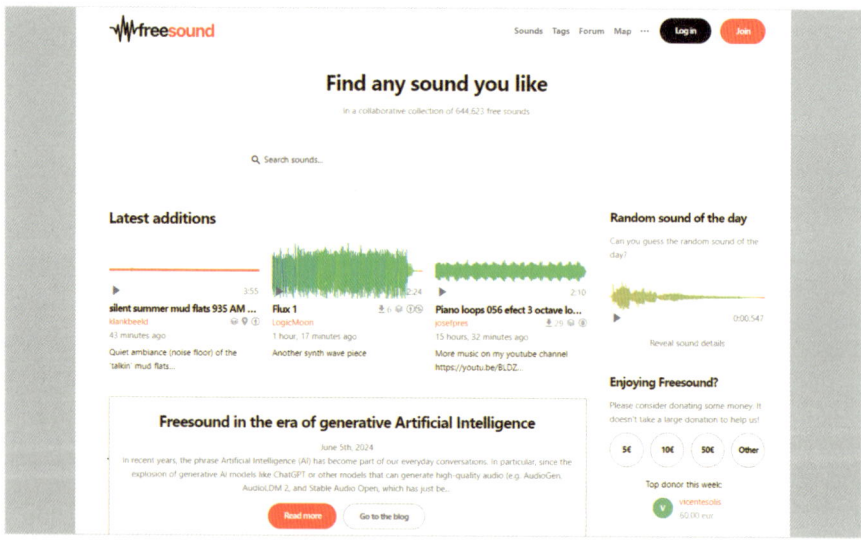

2. 이미지 파일

- **Unsplash:** 고품질의 사진을 무료로 제공하는 사이트로, 다양한 테마의 이미지를 다운로드할 수 있습니다.
- **Pexels:** 저작권이 없는 무료 이미지를 제공하며, 사진과 일러스트를 다양하게 선택할 수 있습니다.

3. 영상 파일

- **Pixabay:** 고해상도의 무료 영상을 제공하며, 상업적 용도로도 사용할 수 있습니다.
- **Videvo:** 다양한 비디오 클립과 모션 그래픽을 무료로 제공하며, 다양한 프로젝트에 활용할 수 있습니다.

CHAPTER 06 비디오 효과 및 전환

이 장에서는 비디오 효과와 전환 효과를 어떻게 적절하게 사용하여 영상을 더욱 풍부하고 매력적으로 만들 수 있는지 설명합니다. 또한, 프리셋을 사용해 작업 효율을 높이고, 여러 효과를 조합하여 독창적인 비디오 스타일을 연출하는 방법도 다룹니다.

1. 비디오 효과 적용

Premiere Pro는 다양한 비디오 효과를 제공하여 영상의 품질을 높이거나 특정 스타일을 연출할 수 있습니다. 주요 효과는 다음과 같습니다.

1. 색 보정 효과
- **Lumetri Color:** 색상, 대비, 채도 등을 조정하여 영상의 색감을 조절합니다.
- **Three-Way Color Corrector:** 그림자, 중간톤, 하이라이트를 각각 조정하여 세밀한 색 보정이 가능합니다.

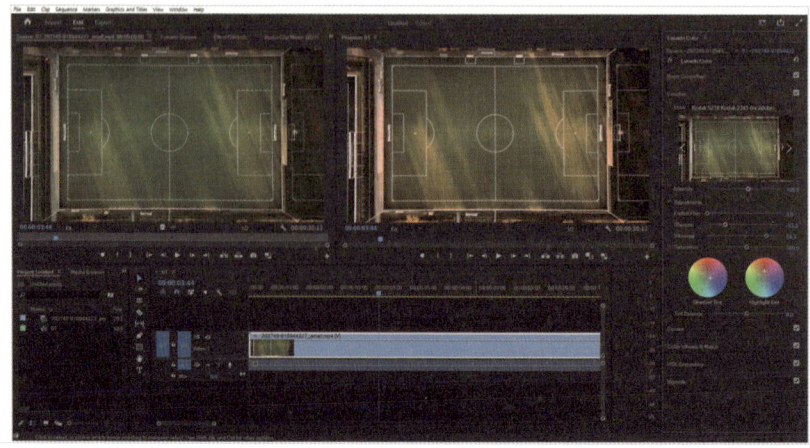

2. 왜곡 효과

- **Warp Stabilizer:** 흔들린 영상을 안정화시켜 부드럽게 보이도록 합니다.
- **Lens Distortion:** 렌즈 왜곡을 시뮬레이션하거나 보정할 수 있습니다.

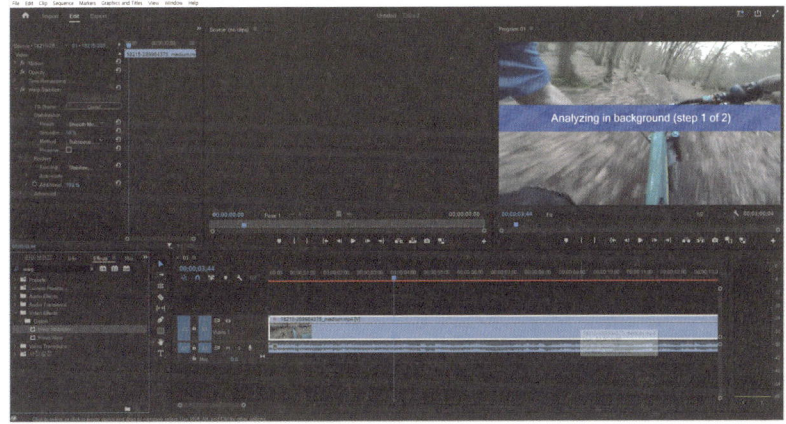

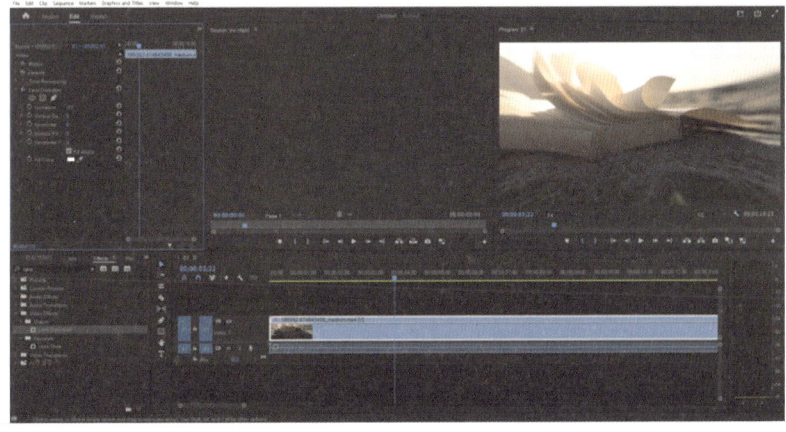

3. 블러 및 샤프 효과

- **Gaussian Blur:** 영상에 부드러운 블러 효과를 적용합니다.
- **Sharpen:** 영상을 더 선명하게 만들어 디테일을 강조합니다.

4. 스타일 효과

- **Posterize:** 영상의 색상 수를 줄여 만화나 포스터처럼 보이게 만듭니다.
- **mosaic:** 특정 부분을 흐릿하게 만들어 그 영역의 세부사항을 숨기거나 시각적으로 강조하는 효과입니다.

2. 전환 효과 사용

Premiere Pro는 다양한 전환 효과를 제공하여 클립 간의 전환을 부드럽게 연결합니다. 주요 전환 효과는 다음과 같습니다.

1. 용해 효과

- **Cross Dissolve:** 두 클립이 부드럽게 겹치면서 전환됩니다.
- **Dip to Black/White:** 클립이 검은색 또는 흰색으로 페이드되면서 전환됩니다.

2. 슬라이드 효과

- **Slide:** 클립이 화면을 가로질러 슬라이드되며 전환됩니다.
- **Push:** 한 클립이 다른 클립을 밀어내며 전환됩니다.

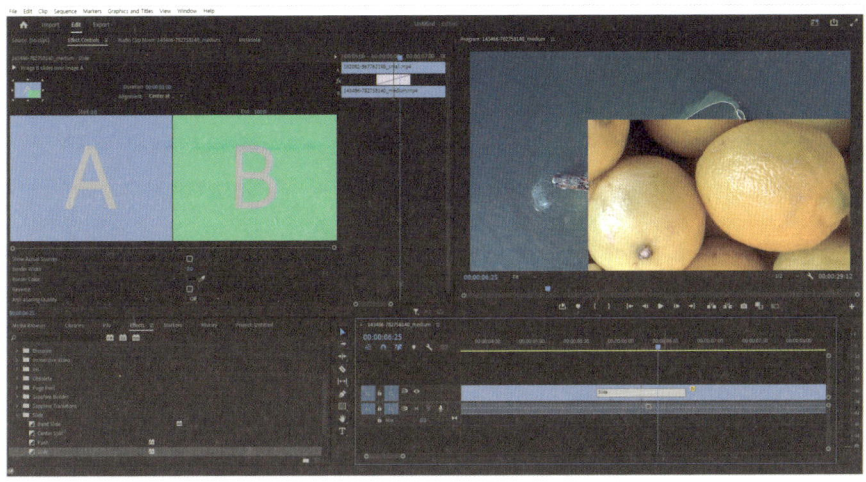

3. 와이프 효과

- **Wipe:** 한 클립이 화면의 한쪽에서 다른 쪽으로 닦여나가며 전환됩니다.
- **Clock Wipe:** 시계의 초침처럼 화면의 한 부분에서 다른 부분으로 클립이 전환됩니다.

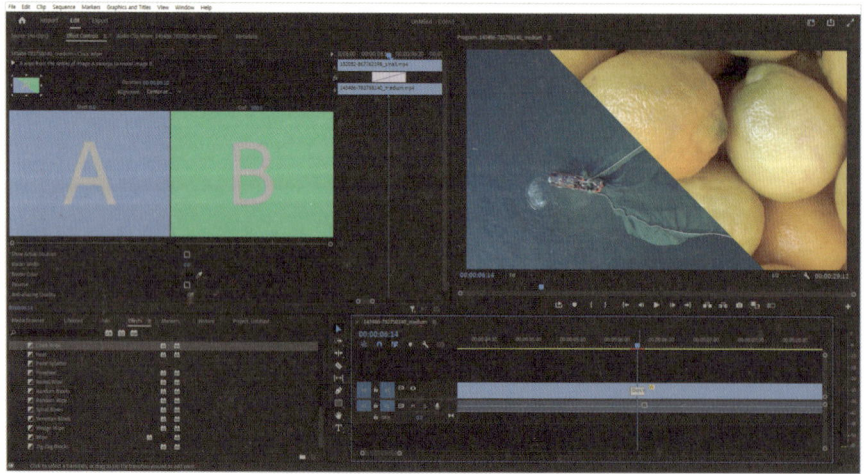

4. 3D 전환 효과

- **Cube Spin:** 클립이 3D 큐브의 면처럼 회전하면서 전환됩니다.
- **Flip Over:** 화면이 뒤집히면서 클립이 전환됩니다.

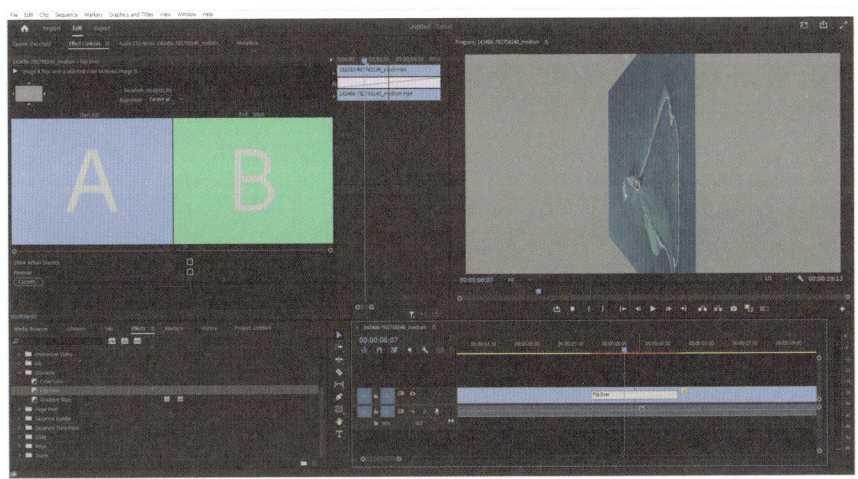

4. 효과 미리보기 및 최적화

1. 효과 미리보기
- 타임라인에서 재생 버튼을 눌러 효과가 적용된 클립을 미리 볼 수 있습니다. 실시간 미리보기를 통해 효과의 적절성을 확인하고, 필요에 따라 조정합니다.

2. 렌더링 최적화
- 복잡한 효과가 적용된 클립은 미리보기가 느려질 수 있습니다. 이 경우, 타임라인에서 해당 부분을 선택한 후 "Render In to Out" 명령을 사용하여 렌더링을 수행하고 원활한 재생을 보장할 수 있습니다.

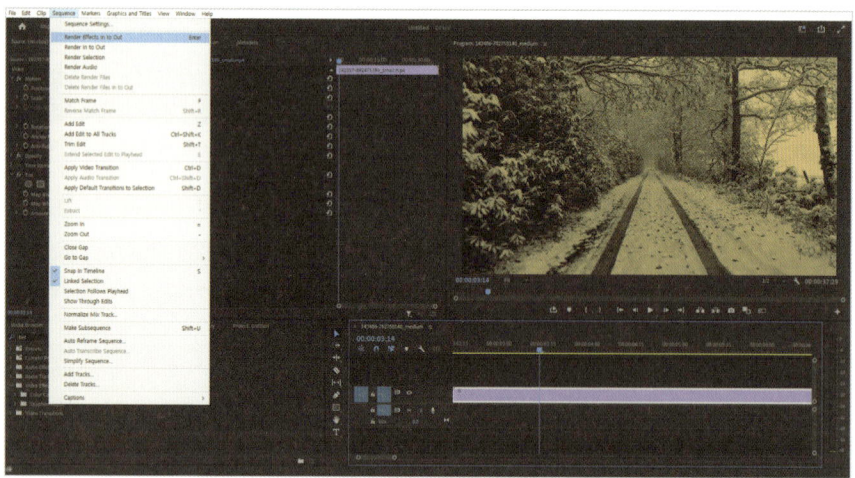

PRACTICE 01 실습 예제

- **계절별 패션 추천 콘텐츠 제작하기**

이번 실습에서는 봄, 여름, 가을, 겨울 각각의 계절별 패션 추천 콘텐츠를 제작합니다. 이 과정에서는 컷편집, 화면 전환 효과, 오디오를 포함한 단순한 편집을 수행합니다.

1. 영상 자료 준비

- 각 계절을 대표하는 패션 영상 클립을 수집합니다. 예를 들어, 봄에는 밝은 색상의 재킷, 여름에는 린넨 셔츠, 가을에는 트렌치코트, 겨울에는 울 코트를 입은 장면을 준비합니다.

2. 컷편집

- 타임라인에 각 계절별 패션 클립을 순서대로 배치합니다. 각 클립의 시작과 끝을 깔끔하게 잘라내어 필요 없는 부분을 제거하고, 장면 간 자연스러운 흐름을 유지합니다.

3. 화면 전환 효과

- 계절이 바뀌는 부분에 화면 전환 효과를 추가합니다. 예를 들어, 봄에서 여름으로 넘어갈 때 Cross Dissolve 또는 Dip to Black 효과를 사용하여 부드러운 전환을 만듭니다.

4. 오디오 추가

- 영상에 맞는 배경 음악을 추가합니다. 밝고 경쾌한 음악을 선택하여 각 계절의 분위기를 강조합니다. 음악은 전체 클립에 걸쳐 사용하되, 내레이션이 있다면 덕킹(Ducking)을 사용해 음악이 낮아지도록 설정합니다.
- 내레이션을 추가하여 각 계절별 패션 아이템을 설명하고, 자막을 통해 시청자에게 정보를 전달합니다.

5. 최종 검토 및 내보내기

- 전체 타임라인을 재생하여 컷편집과 화면 전환 효과가 자연스럽게 연결되는지 확인합니다.
- 필요에 따라 추가적인 편집 작업을 수행한 후, 최종 비디오를 다양한 플랫폼에 맞게 내보내기 설정을 통해 저장합니다.

> 이 예제는 컷편집을 중심으로 화면 전환 효과와 오디오를 결합하여, 간단하면서도 효과적인 계절별 패션 추천 콘텐츠를 제작하는 방법을 제공합니다.

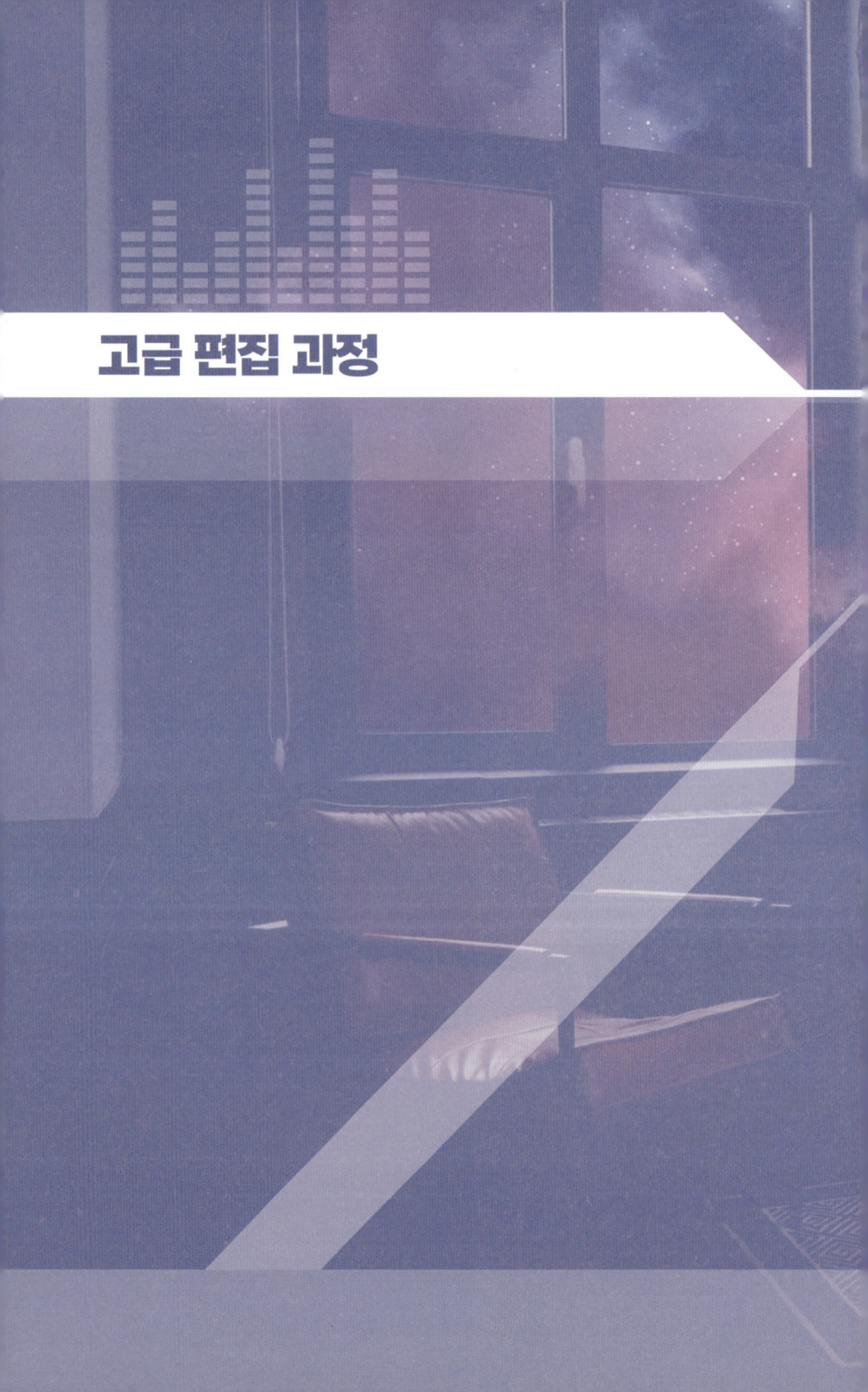

고급 편집 과정

PART. 03

CHAPTER 07. 자막 및 그래픽 추가

CHAPTER 08. 마스크 사용 방법

CHAPTER 09. 색 보정 및 필터

CHAPTER 10. 프로젝트 내보내기

CHAPTER 07
자막 및 그래픽 추가

이 장에서는 자막과 그래픽 요소를 활용해 영상을 더욱 효과적으로 전달하는 방법을 다룹니다. 특히, 텍스트를 활용한 썸네일 제작 예제를 통해 실습을 겸할 수 있습니다. 무료 한글 폰트 다운로드 사이트를 활용해 더욱 다채로운 스타일을 연출할 수 있습니다.

1. 자막 추가

1. 자막 생성

- "Window" 〉 "Essential Graphics" 패널을 열고 텍스트 도구(T)를 선택하여 자막을 추가할 위치를 클릭하고 텍스트를 입력합니다.

2. 텍스트 스타일 설정

- **폰트 설정:** "Essential Graphics" 패널에서 원하는 폰트를 선택하고, 크기를 조정합니다.
- **텍스트 위치 변경:** 마우스로 텍스트를 드래그해 위치를 조정하거나, "Position" 값을 수동으로 입력해 정밀한 위치 조정이 가능합니다.
- **텍스트 색상 변경:** "Fill" 옵션에서 색상을 선택해 텍스트의 색상을 변경하고, "Stroke" 옵션으로 테두리 추가 및 두께 조정을 할 수 있습니다.

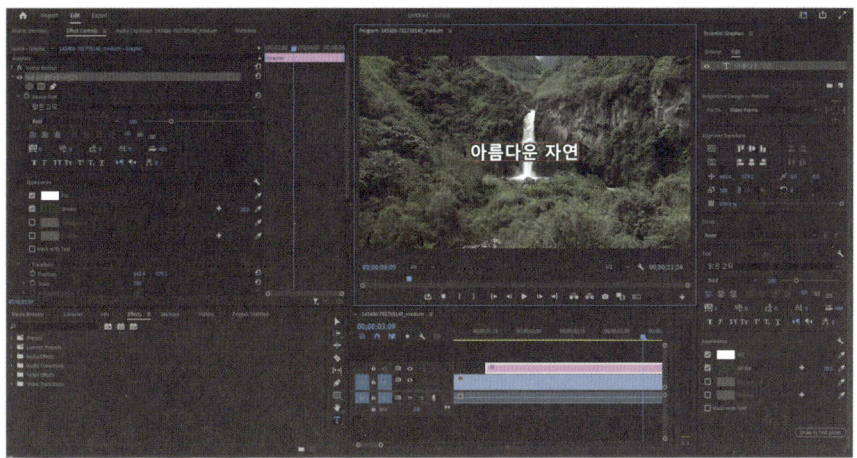

2. 그래픽 요소 추가

1. 기본 도형 추가

- «Essential Graphics» 패널에서 사각형, 원 등의 기본 도형을 추가해 텍스트와 결합하여 시각적 효과를 줍니다.
- 도형의 색상과 불투명도를 조정해 텍스트 배경이나 강조 요소로 활용할 수 있습니다.

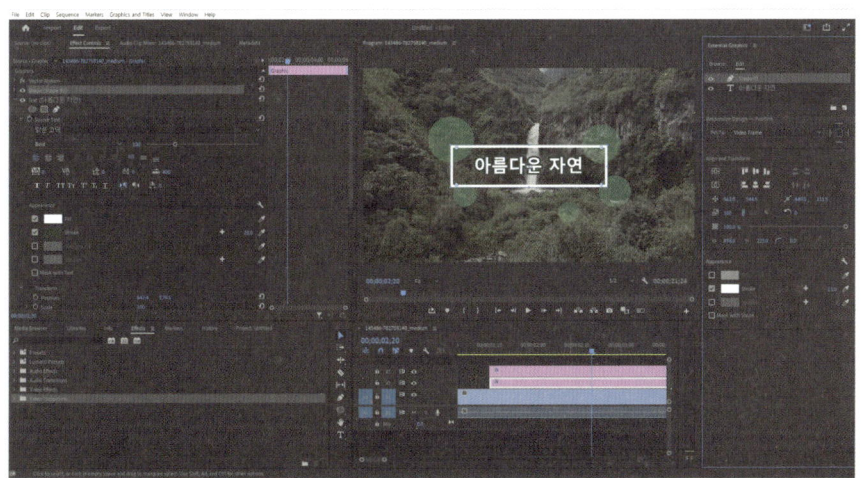

3. 한글 폰트 무료 다운로드 사이트

Premiere Pro에서 자막에 사용할 한글 폰트를 무료로 다운로드할 수 있는 사이트는 다음과 같습니다.

1. **네이버 클라우드 폰트:** 다양한 상업용 무료 한글 폰트를 제공합니다.
2. **구글 폰트(Google Fonts):** 한글을 포함한 다양한 무료 폰트를 제공하며, 상업적으로도 사용할 수 있습니다.
3. **눈누(Nunuu):** 상업적으로 사용할 수 있는 무료 한글 폰트를 쉽게 검색하고 다운로드할 수 있는 사이트입니다.

4. 텍스트를 활용한 썸네일 이미지 제작 예제

1. 텍스트와 그래픽 결합

- «Essential Graphics» 패널에서 텍스트를 입력하고, 적절한 폰트를 선택합니다. 크기를 크게 설정해 썸네일에서 눈에 띄도록 합니다.
- 도형 도구를 사용해 텍스트 배경에 적절한 도형을 추가하고, 색상과 불투명도를 조정해 텍스트가 더욱 돋보이게 만듭니다.

2. 텍스트 스타일링

- 텍스트의 위치를 중앙 또는 원하는 곳에 배치하고, 색상을 변경하여 강렬한 인상을 줄 수 있도록 설정합니다.
- 필요에 따라 텍스트에 그림자 효과를 추가해 가독성을 높입니다.

3. 썸네일 완성

- 그래픽 요소를 추가해 배경을 꾸미거나, 텍스트 주변에 아이콘이나 이미지를 배치합니다.
- 완성된 썸네일 이미지를 비디오의 썸네일로 저장하거나, 특정 플랫폼에 업로드합니다.

CHAPTER 08 마스크 사용 방법

이 장에서는 마스크 도구를 활용해 특정 영역을 선택하고 효과를 적용하는 방법을 설명합니다. 마스크는 복잡한 편집 작업에서 매우 유용한 도구로, 효과적으로 사용하면 영상의 완성도를 높일 수 있습니다.

1. 마스크의 기본 개념

마스크는 특정 영역을 선택하고, 그 영역에만 효과를 적용하거나 숨길 수 있는 도구입니다. Premiere Pro에서 마스크는 클립의 특정 부분을 강조하거나, 배경을 제거하고 싶을 때 유용하게 사용됩니다.

2. 마스크 도구 사용

1. 마스크 생성

- 《Effect Controls》 패널에서 특정 효과(예: Gaussian Blur)를 선택한 후, 마스크 도구(펜, 원형, 사각형)를 사용해 마스크를 그릴 수 있습니다.
- 마스크를 생성하면 클립의 해당 부분에만 효과가 적용됩니다.

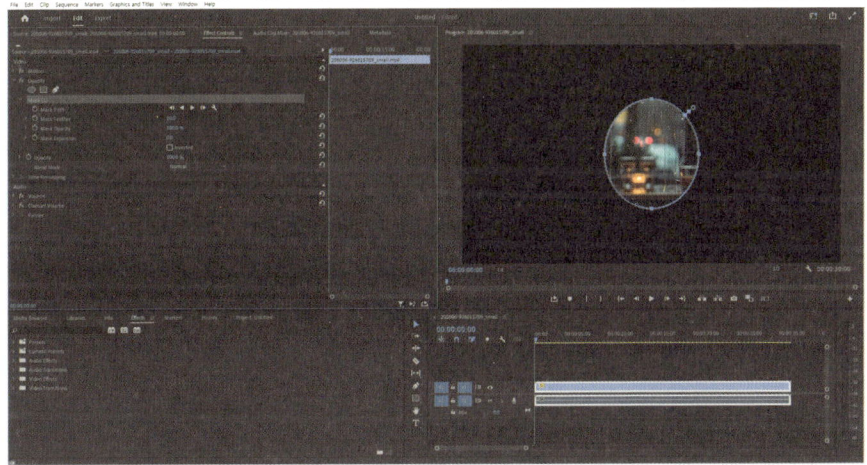

2. 마스크의 위치 및 크기 조정

- 마스크를 선택한 상태에서 마우스를 사용해 위치를 변경하거나, 가장자리를 드래그하여 크기를 조정할 수 있습니다.
- «Effect Controls» 패널에서 수동으로 위치와 크기를 입력해 정밀하게 조정할 수도 있습니다.

3. 마스크 페더링과 반전

1. 페더링

- 페더(Father)는 마스크의 가장자리를 부드럽게 만들어, 효과가 자연스럽게 적용되도록 합니다. "Effect Controls" 패널에서 "Mask Feather" 값을 조정해 가장자리를 부드럽게 할 수 있습니다.
- 페더링을 사용하면 마스크의 경계가 부드러워져 자연스러운 효과를 연출할 수 있습니다.

2. 마스크 반전

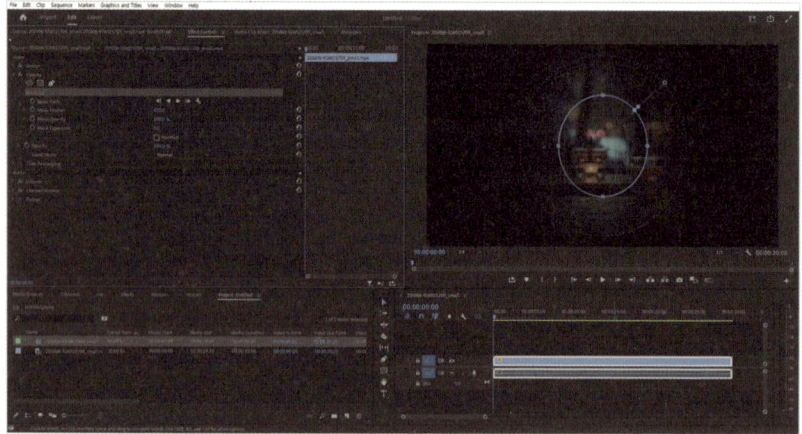

- «Invert Mask» 옵션을 사용해 마스크가 적용되는 영역을 반전시킬 수 있습니다. 이 기능은 배경을 제거하거나, 특정 부분만 제외하고 효과를 적용할 때 유용합니다.

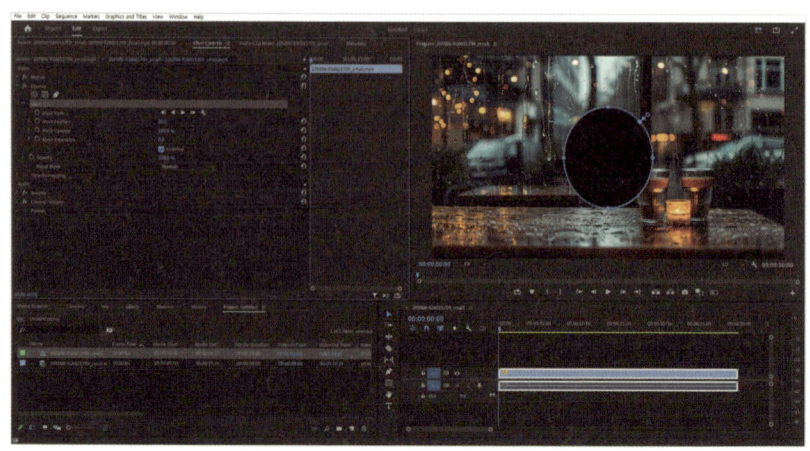

4. 복잡한 마스크 작업

1. 여러 마스크 사용

- 하나의 클립에 여러 개의 마스크를 적용해 복잡한 영역을 선택할 수 있습니다. 각 마스크는 독립적으로 조정할 수 있으며, 서로 다른 효과를 각각 적용할 수 있습니다.

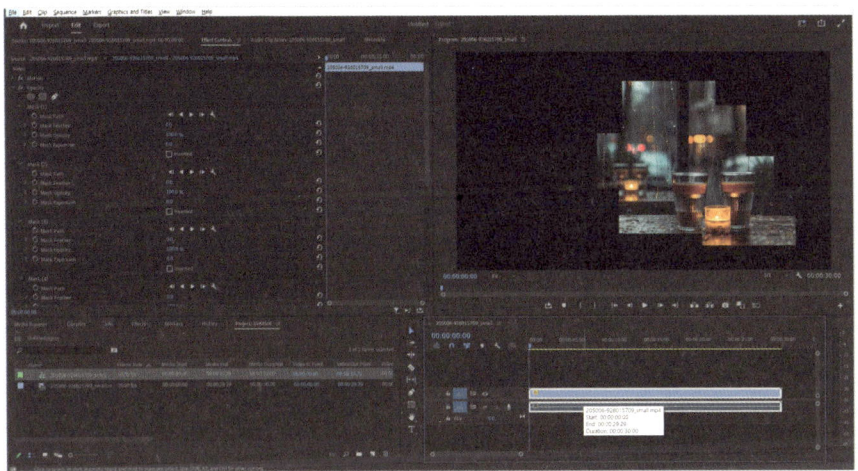

5. 마스크 활용 예제: 얼굴 블러링

1. 얼굴 선택

- 펜 도구를 사용해 클립에서 블러링할 얼굴을 마스크로 선택합니다.

2. 블러 효과 적용

- 《Gaussian Blur》 효과를 추가하고, 마스크가 적용된 영역에만 블러 효과를 설정합니다.

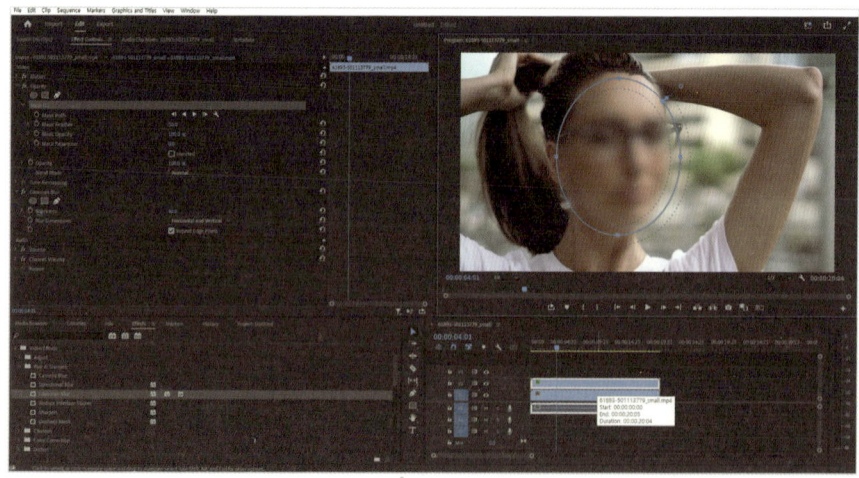

6. 마스크와 트래킹

1. 마스크 트래킹

- «Mask Path» 옵션에서 "Track Selected Mask Forward/Backward" 기능을 사용해, 마스크가 자동으로 움직임을 따라가도록 설정할 수 있습니다. 이 기능은 얼굴이나 특정 객체를 추적할 때 매우 유용합니다.

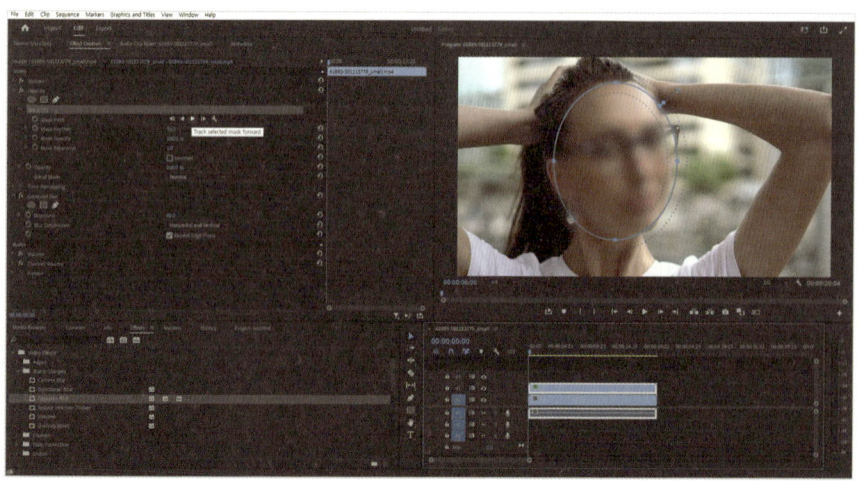

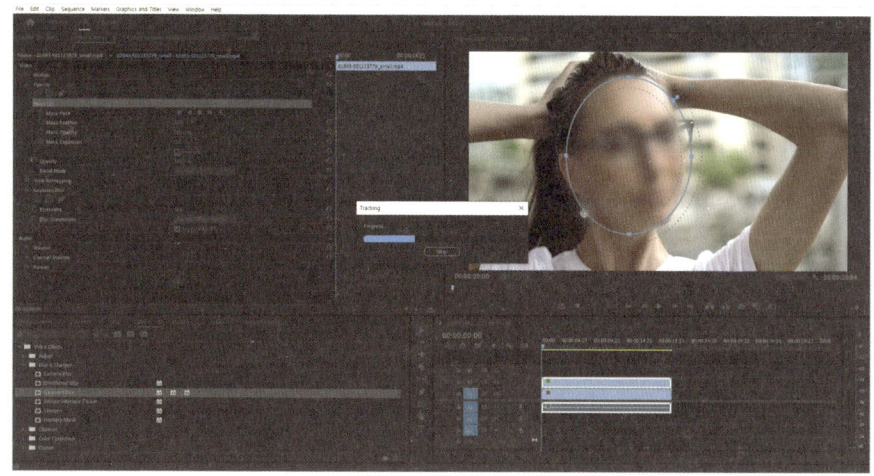

2. 트래킹 모드 설정

- 트래킹 모드에서 "Position", "Position and Rotation", "Position, Scale, and Rotation" 중 하나를 선택해 마스크의 추적 방식을 정할 수 있습니다.

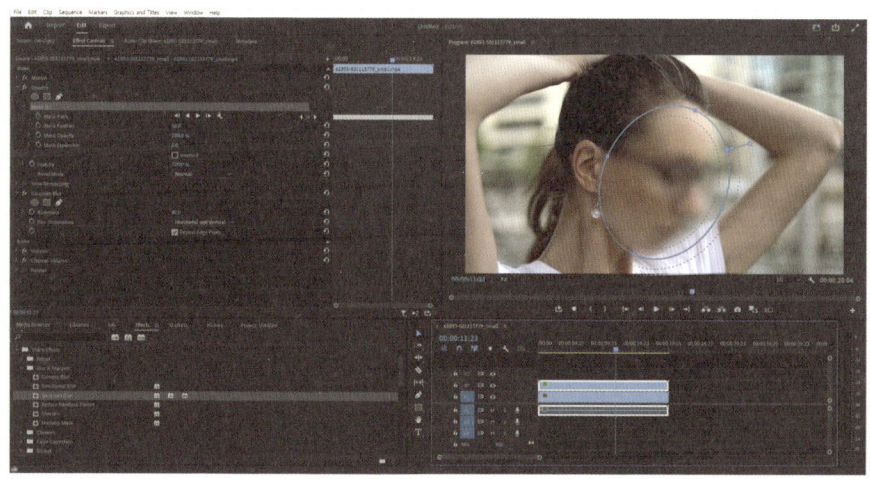

CHAPTER 09 색 보정 및 필터

1. 색 보정의 중요성

색 보정은 영상의 분위기를 설정하고, 일관성을 유지하며, 특정 감정을 전달하는 데 중요한 역할을 합니다. 잘 수행된 색 보정은 영상의 품질을 향상시키고, 시청자에게 더욱 몰입감을 줄 수 있습니다.

2. Lumetri Color 패널 사용

1. Lumetri Color 패널 개요

- **Lumetri Color**는 Premiere Pro에서 제공하는 강력한 색 보정 도구로, 색상, 대비, 채도 등을 조정할 수 있습니다. 패널은 다섯 가지 주요 섹션으로 나뉩니다.
  기본 교정, 크리에이티브, 커브, 색상 휠 및 매치, 비네트.

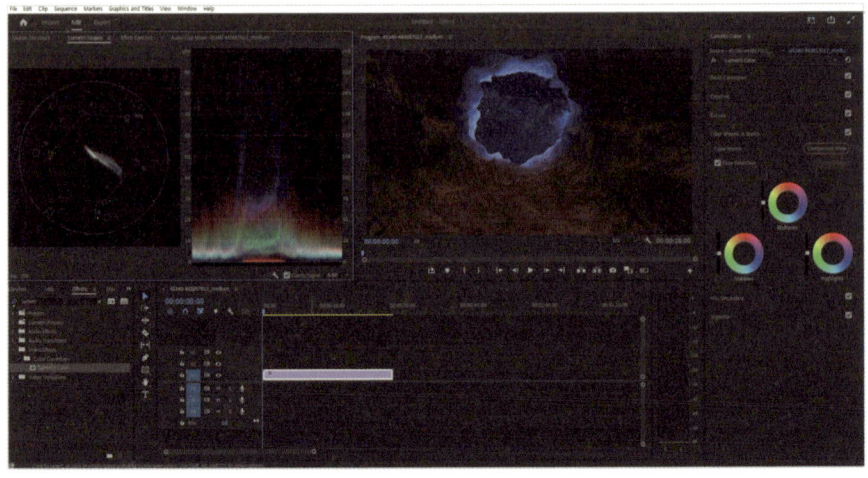

2. 기본 색상 보정

- **Basic Correction:** 밝기, 대비, 노출, 하이라이트, 그림자 등을 조정하여 영상의 전반적인 톤을 설정합니다. 자동 보정 기능을 사용해 빠르게 기본적인 색 보정을 할 수 있습니다.
- **White Balance:** 영상의 색온도와 색조를 조정하여 정확한 색 균형을 맞출 수 있습니다.

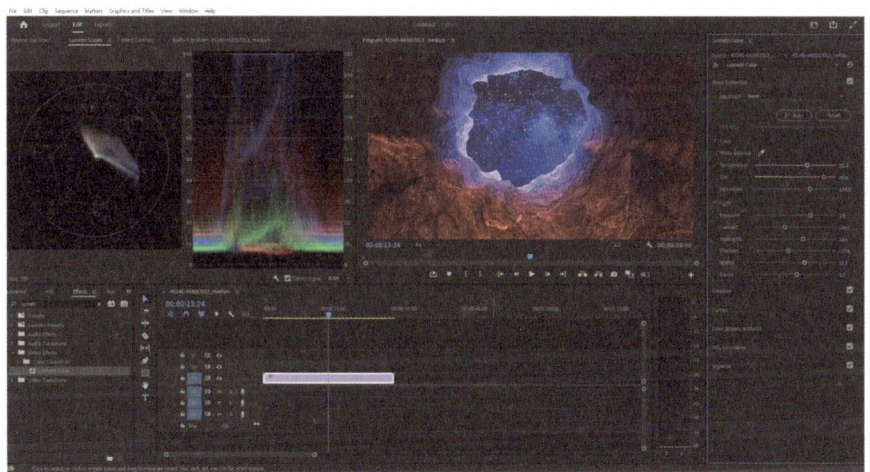

3. 크리에이티브 섹션

- **Look:** 미리 설정된 스타일(룩)을 적용하여 특정 시네마틱 효과를 부여할 수 있습니다. 룩을 사용하면 특정 무드나 분위기를 쉽게 연출할 수 있습니다.
- **Vibrance & Saturation:** 영상의 색을 더 생생하게 만들거나, 채도를 조정하여 색이 너무 강하지 않게 조절할 수 있습니다.

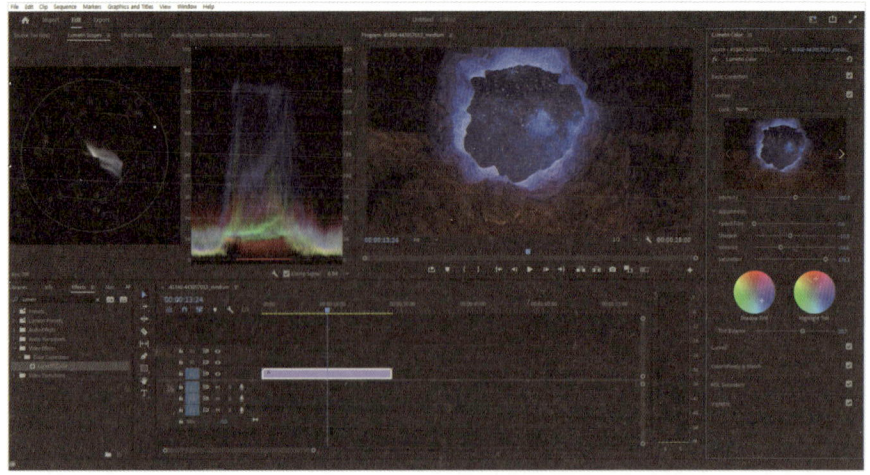

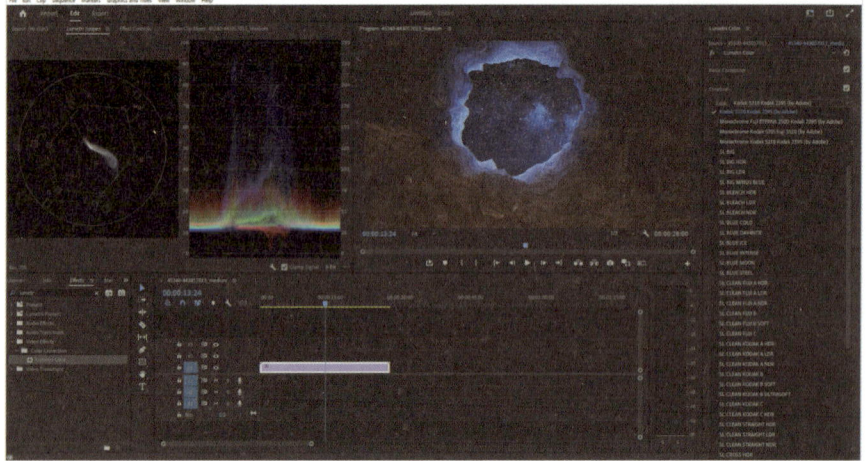

4. 커브(Curves) 조정

- **RGB 커브:** 영상의 명암을 세밀하게 조정할 수 있는 곡선 도구입니다. 곡선을 조정하여 명부, 중간부, 암부를 개별적으로 조절할 수 있습니다.
- **Hue vs. Hue:** 특정 색상의 톤을 변경할 수 있습니다. 예를 들어, 특정 색을 강조하거나 억제하는 데 사용됩니다.

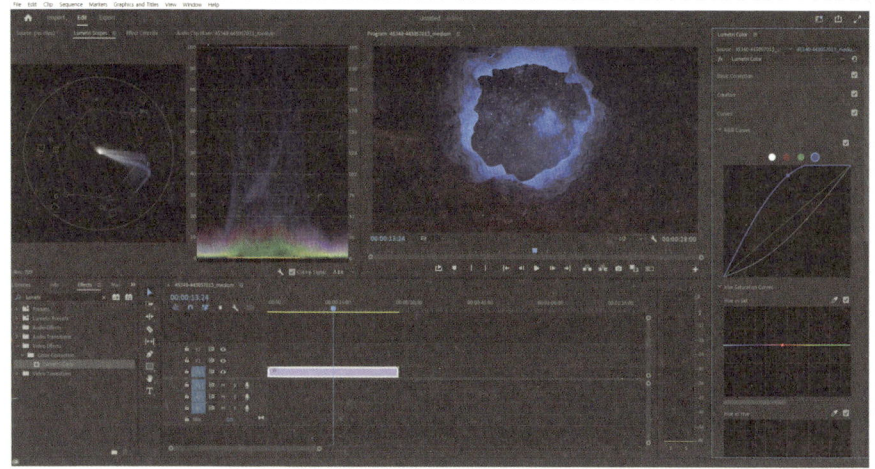

5. 색상 휠 및 매치

- **Color Wheels:** 색상 휠을 사용해 그림자, 중간톤, 하이라이트 각각의 색상을 조정할 수 있습니다. 이를 통해 영상의 분위기를 더욱 세밀하게 설정할 수 있습니다.
- **Match:** 다른 영상 클립과 색상을 일치시키는 도구로, 여러 장면 간의 일관성을 유지하는 데 유용합니다.

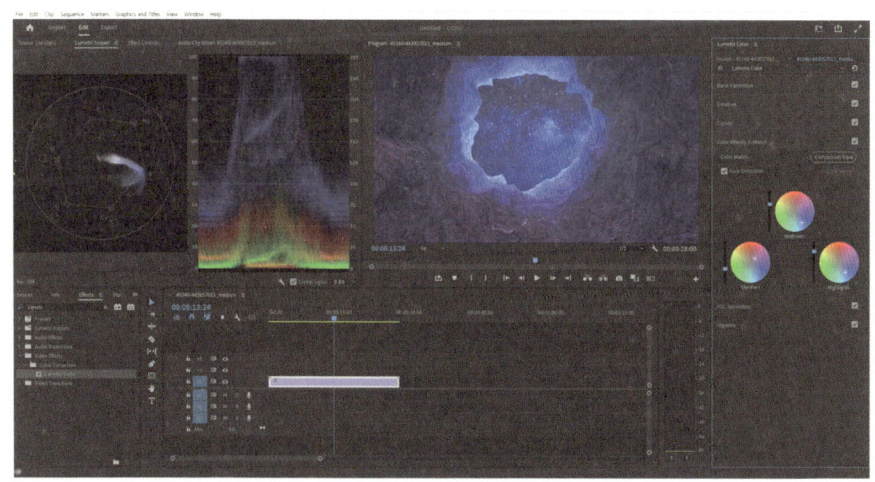

6. 비네트(Vignette)

- **Vignette:** 영상의 가장자리를 어둡게 하여 시청자의 시선을 중앙으로 집중시킬 수 있는 효과입니다. 비네트의 강도와 크기를 조절하여 원하는 효과를 연출할 수 있습니다.

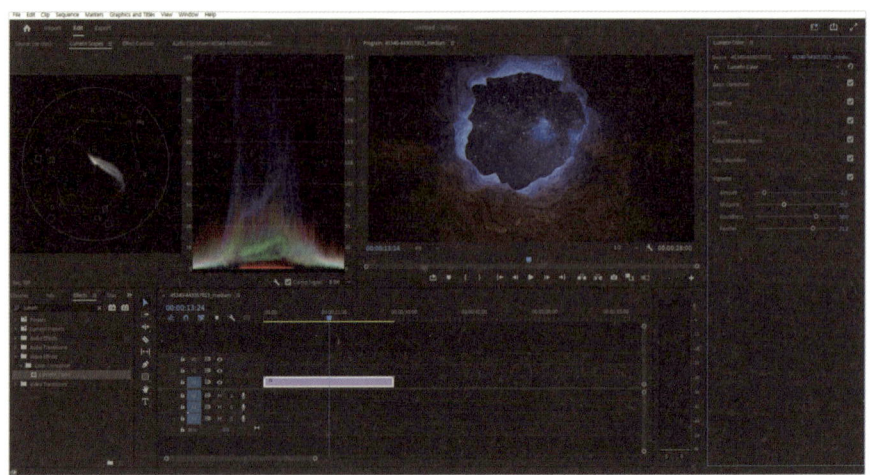

3. 이펙트를 활용한 색 보정

Lumetri Color 패널 외에도, Premiere Pro에서 제공하는 다양한 이펙트를 활용하여 색 보정을 할 수 있습니다.

1. Brightness & Contrast

- **Brightness & Contrast** 이펙트를 사용하면 영상의 밝기와 대비를 조정할 수 있습니다. 이 이펙트는 기본적인 조정으로, 빠르게 명암비를 맞추거나 화면을 더 밝게, 또는 어둡게 만들 수 있습니다.
- «Effect Controls» 패널에서 **Brightness** 값을 조정해 영상의 밝기를 설정하고, **Contrast** 값을 조정해 명암비를 조정합니다.

2. Tint

- Tint 이펙트는 영상의 특정 색상을 다른 색상으로 대체할 때 유용합니다. 예를 들어, 전체 영상을 흑백으로 만들거나, 특정 색조를 추가해 분위기를 연출할 수 있습니다.
- «Map Black To»와 "Map White To" 옵션을 사용해 흑백을 다른 색으로 매핑할 수 있습니다. 기본적으로 흑백 영상을 만들고자 할 때 **Tint** 이펙트를 적용한 후, 기본 설정을 사용하면 됩니다.

3. Fast Color Corrector

- **Fast Color Corrector**는 Lumetri Color 패널 대신 사용할 수 있는 간단한 색 보정 도구입니다. 색상 휠을 사용해 전체적인 색조를 조정하거나, 특정 색상을 강조할 수 있습니다.
- «Hue Balance» 및 "Saturation" 슬라이더를 사용해 색조와 채도를 빠르게 조정할 수 있습니다.

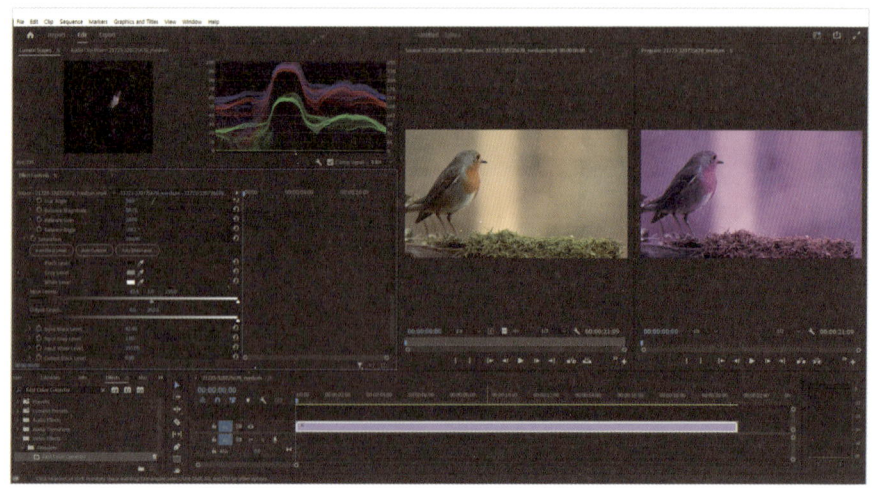

CHAPTER 10
프로젝트 내보내기

> 이 장에서는 프로젝트를 다양한 형식으로 내보내는 방법과 각종 플랫폼에 최적화된 설정을 사용하는 방법을 다룹니다. 올바른 내보내기 설정과 비트레이트, 코덱에 대한 이해를 통해 고품질의 비디오를 효율적으로 제작할 수 있습니다.

1. 내보내기 설정

1. 내보내기 창 열기

- 타임라인에서 완성된 프로젝트를 선택한 후, "File" 〉 "Export" 〉 "Media"를 선택하여 내보내기 창을 엽니다.
- 단축키 **Ctrl + M** (Windows) 또는 **Cmd + M** (Mac)도 사용할 수 있습니다.

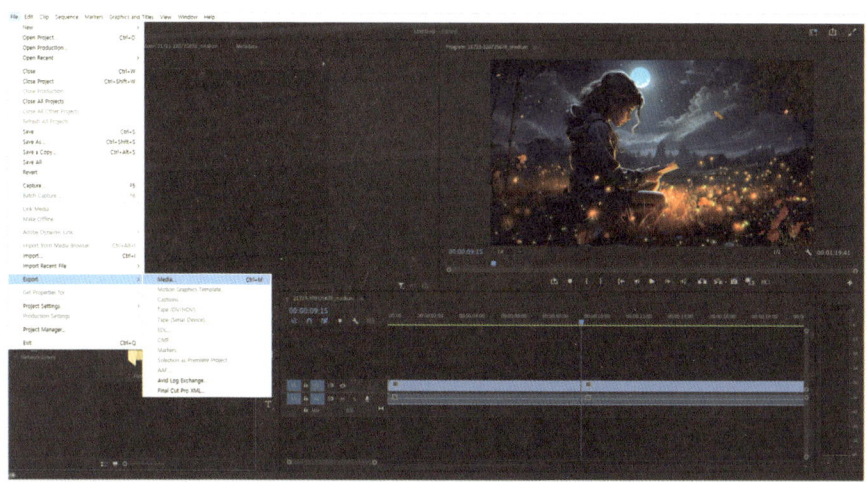

2. 형식 선택

- 내보내기 창에서 "Format" 드롭다운 메뉴를 통해 출력 형식을 선택합니다. 일반적으로 H.264가 가장 많이 사용되며, 다양한 장치 및 플랫폼에서 호환됩니다.
- 다른 형식으로는 QuickTime, AVI, MXF 등이 있으며, 특정 요구사항에 따라 선택합니다.

3. 프리셋 선택

- «Preset» 드롭다운 메뉴에서 미리 설정된 프리셋을 선택합니다. 예를 들어, **YouTube 1080p Full HD** 또는 **Vimeo 720p HD**와 같은 프리셋을 선택해 쉽게 내보낼 수 있습니다.
- 필요에 따라 프리셋을 사용자 정의할 수 있으며, 프로젝트에 맞는 최적의 설정을 선택합니다.

2. 비디오 및 오디오 설정

1. 비디오 설정

- 《Video》 탭에서 해상도, 프레임 속도, 비트레이트 설정을 조정할 수 있습니다.
- 고화질 영상을 원할 경우 비트레이트를 높이고, 파일 크기를 줄이고 싶을 경우 비트레이트를 낮춥니다.

2. 오디오 설정

- «Audio» 탭에서 오디오 코덱, 샘플링 레이트, 비트레이트를 조정합니다.
- 기본적으로 48kHz 샘플링 레이트와 192kbps 이상의 비트레이트가 권장됩니다.

3. 비트레이트 설정

1. 비트레이트의 의미

- 비트레이트는 비디오 또는 오디오 데이터가 초당 전송되는 비트(bit)의 양을 나타냅니다. 높은 비트레이트는 더 많은 데이터가 전송되므로 영상 및 오디오 품질이 좋아지지만, 파일 크기도 커집니다.

2. 비트레이트 선택

- **CBR (Constant Bitrate):** 일정한 비트레이트로 인코딩되며, 간단하고 예측 가능한 파일 크기를 제공합니다.
- **VBR (Variable Bitrate):** 장면의 복잡도에 따라 비트레이트가 변하며, 동일한 파일 크기에서 더 나은 품질을 제공합니다. 1-pass VBR은 한 번의 인코딩으로 처리하며, 2-pass VBR은 두 번 인코딩해 더 정밀한 품질을 제공합니다.

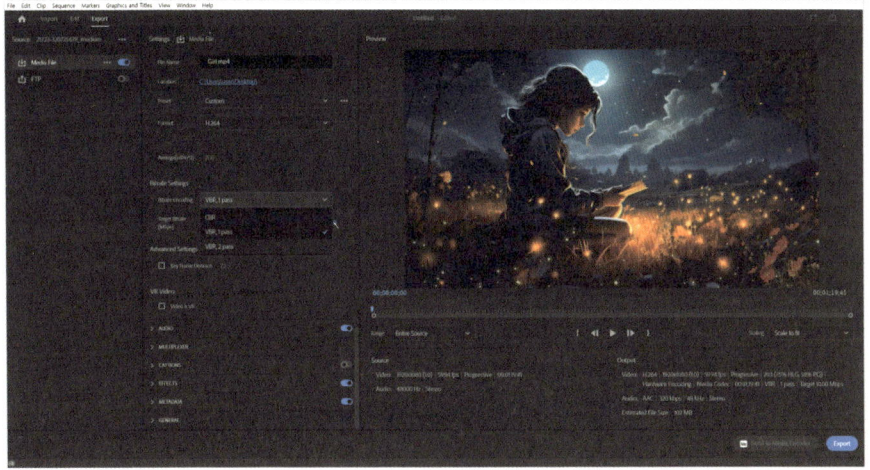

4. 코덱에 대한 이해

1. 코덱의 역할
- 코덱은 비디오나 오디오 데이터를 압축하고 해제하는 알고리즘입니다. 효율적인 코덱은 높은 품질을 유지하면서 파일 크기를 줄여줍니다.

2. 대표적인 코덱
- **H.264:** 가장 널리 사용되는 비디오 코덱으로, 높은 압축 효율과 품질을 제공합니다. 유튜브, Vimeo 등 대부분의 온라인 플랫폼에서 표준으로 사용됩니다.
- **HEVC (H.265):** H.264보다 더 높은 압축 효율을 제공하며, 4K 및 HDR 영상에 적합합니다. 다만, 인코딩 및 디코딩에 더 많은 리소스가 필요합니다.
- **AAC (Advanced Audio Codec):** 대부분의 플랫폼에서 사용되는 오디오 코덱으로, 높은 품질과 효율성을 제공합니다.
- **ProRes:** Apple의 고품질 비디오 코덱으로, 주로 후반 작업을 위한 중간 포맷으로 사용됩니다.

5. 큐(Cue)와 내보내기

1. 큐에 추가

- 여러 프로젝트를 한 번에 내보내려면 "Queue" 버튼을 눌러 Adobe Media Encoder로 전송할 수 있습니다. 이 방식은 작업을 자동으로 진행할 수 있어 편리합니다.

2. 내보내기(Export)

- 《Export》 버튼을 클릭해 현재 설정대로 프로젝트를 바로 내보낼 수 있습니다.
- 내보내기 과정에서 프로젝트가 렌더링되며, 설정한 파일 형식과 위치에 저장됩니다.

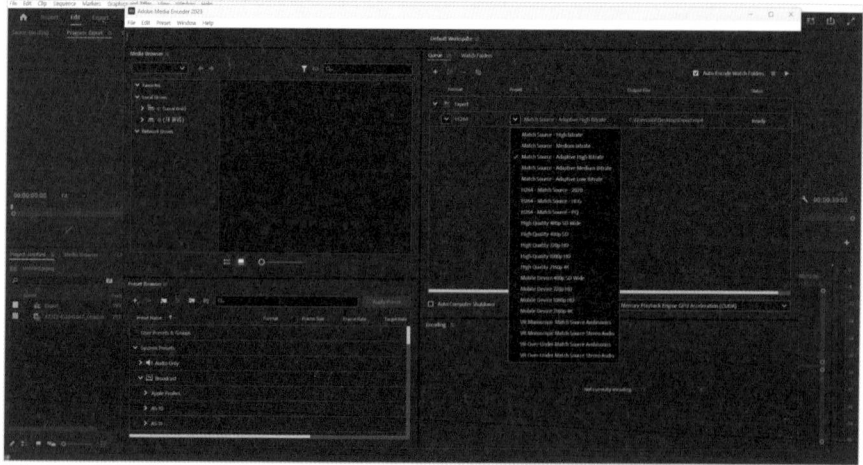

6. 다양한 플랫폼에 맞춘 내보내기

1. 유튜브 및 소셜 미디어

- 유튜브, 페이스북, 인스타그램 등의 소셜 미디어에 맞는 프리셋을 사용하여 내보내기 할 수 있습니다.
- 각 플랫폼의 권장 해상도 및 형식에 따라 내보내기 설정을 조정합니다.

2. DVD 및 Blu-ray

- DVD 또는 Blu-ray를 위한 비디오 파일로 내보낼 때는 MPEG2-DVD 또는 H.264 Blu-ray 형식을 선택합니다.
- Adobe Encore와 같은 디스크 저작 도구를 사용해 메뉴 및 챕터를 추가할 수 있습니다.

7. 최종 검토 및 저장

1. 내보내기 후 검토

- 내보낸 비디오를 재생해 품질을 확인합니다. 영상과 오디오가 예상대로 출력되었는지, 문제가 없는지 확인합니다.
- 만약 문제가 있으면 설정을 다시 조정하고 내보내기 과정을 반복합니다.

2. 프로젝트 아카이브

- 모든 편집이 완료된 후 프로젝트 파일과 원본 미디어 파일을 아카이브하여 안전하게 보관합니다.
- 이는 후속 작업이나 수정이 필요할 경우 유용합니다.

PRACTICE 02 실습 예제

• 30초 여행 브이로그 영상 편집하기

1. 미디어 파일 가져오기

1. 영상 클립 선택: 촬영한 여행 영상 중에서 3~5개의 하이라이트 클립을 선택합니다. 각 클립은 5~10초 정도로 짧게 선택하여, 다양한 장소나 액티비티를 포함합니다.

2. 오디오 파일 선택: 영상에 사용할 배경 음악을 선택합니다. 분위기에 맞는 경쾌하거나 편안한 음악을 선택하세요.

2. 타임라인에 클립 배치하기

1. 타임라인 구성: 타임라인에 선택한 영상 클립을 차례로 배치합니다. 장소별 또는 시간 순서대로 배치하여 흐름을 자연스럽게 만듭니다.

2. 오디오 추가: 배경 음악 파일을 타임라인에 추가하고, 영상 클립 길이에 맞게 오디오를 조정합니다.

3. 클립 자르기 및 정렬

1. **불필요한 부분 제거:** 각 클립의 시작과 끝을 트리밍하여 중요한 장면만 남깁니다.
2. **장면 전환:** 클립 사이에 자연스러운 전환을 위해 Cross Dissolve 같은 기본 전환 효과를 추가합니다.

4. 자막 추가

1. **영상 시작:** 여행지 이름 또는 제목을 자막으로 추가하여 영상의 시작을 알립니다.
2. **클립별 설명:** 각 장소나 액티비티에 대한 간단한 설명을 자막으로 추가합니다.

5. 색 보정 및 효과 추가

1. **색 보정:** Lumetri Color 효과를 사용해 클립의 색상, 밝기, 대비를 조정합니다. 각 클립의 톤을 맞춰 영상 전체의 일관성을 유지합니다.
2. **비디오 효과:** 필요에 따라 슬로우 모션이나 가우시안 블러 등 비디오 효과를 추가해 영상을 더 매력적으로 만듭니다.

6. 오디오 조정

1. **볼륨 조절:** 배경 음악의 볼륨을 조정해 각 클립에서 들리는 대화나 자연의 소리를 덮지 않도록 합니다.
2. **페이드 인/아웃:** 음악 시작과 끝에 페이드 인/아웃 효과를 적용해 부드러운 오디오 전환을 만듭니다.

7. 최종 검토 및 내보내기

1. 미리보기: 타임라인을 처음부터 끝까지 재생하며 영상의 흐름이 자연스러운지, 자막이 잘 보이는지, 오디오가 적절한지 확인합니다.

2. 내보내기: 검토 후, 영상을 원하는 형식(MP4 등)으로 내보냅니다. 내보내기 설정에서 해상도와 품질을 적절히 선택하여 최종 파일을 저장합니다.

> 이 실습을 통해 30초짜리 여행 브이로그를 편집하는 기본 과정을 배우게 됩니다. 영상의 흐름을 자연스럽게 만들고, 적절한 자막과 배경음악을 추가하여 완성도 높은 결과물을 만들어 보세요.

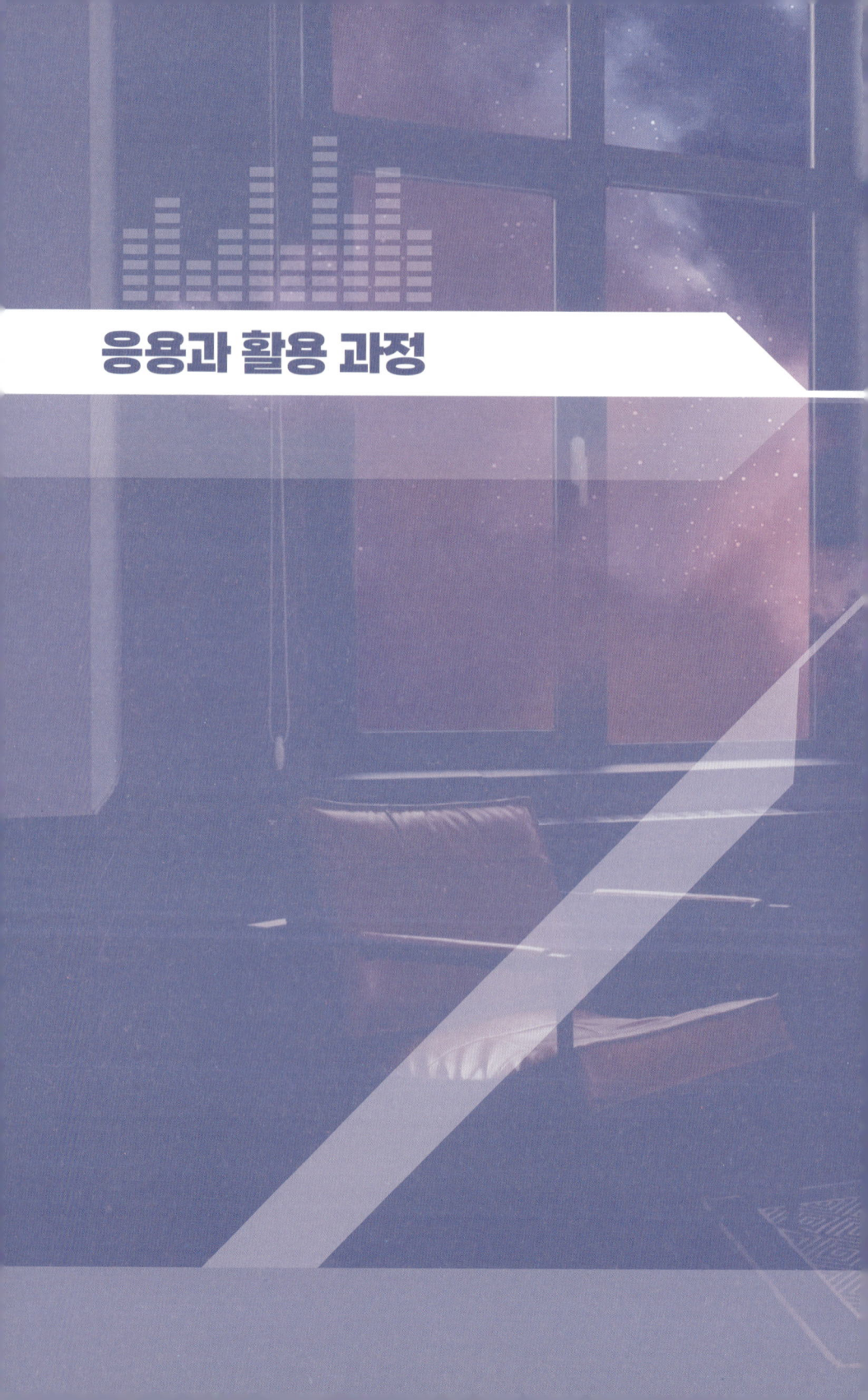

응용과 활용 과정

PART. 04

CHAPTER 11. 키프레임과 애니메이팅

CHAPTER 12. 템플릿 사용과 포토샵 연동하기

CHAPTER 13. 3점 편집과 멀티카메라 편집

CHAPTER 14. 네스트(Nesting) 사용 방법

CHAPTER 11 : 키프레임과 애니메이팅

> 이 장에서는 Premiere Pro에서 키프레임을 활용해 다양한 애니메이션 효과를 만드는 방법을 설명합니다. 키프레임은 복잡한 애니메이션을 쉽게 구현할 수 있는 중요한 도구로, 창의적인 비디오 편집 작업에 필수적입니다.

1. 키프레임의 기본 개념

키프레임(Keyframe)은 애니메이션의 시작과 끝 지점을 정의하는 포인트입니다. Premiere Pro에서 키프레임을 사용하면 시간에 따라 특정 효과나 속성을 변화시킬 수 있습니다. 예를 들어, 텍스트가 점점 커지거나, 영상의 투명도가 서서히 변하는 애니메이션을 만들 수 있습니다.

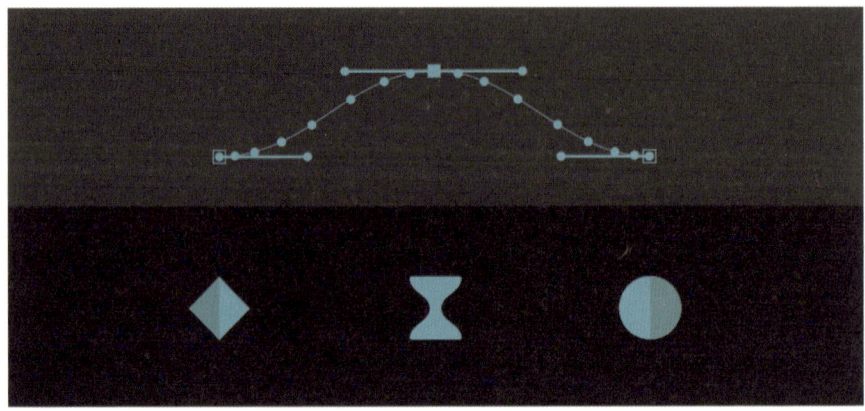

2. 키프레임 설정하기

1. Effect Controls 패널에서 키프레임 활성화

- 타임라인에서 클립을 선택한 후, "Effect Controls" 패널을 엽니다.
- 애니메이션을 적용할 속성 옆에 있는 스톱워치 아이콘을 클릭하여 첫 번째 키프레임을 설정합니다. 예를 들어, 위치(Position), 불투명도(Opacity), 스케일(Scale) 등의 속성에서 키프레임을 설정할 수 있습니다.

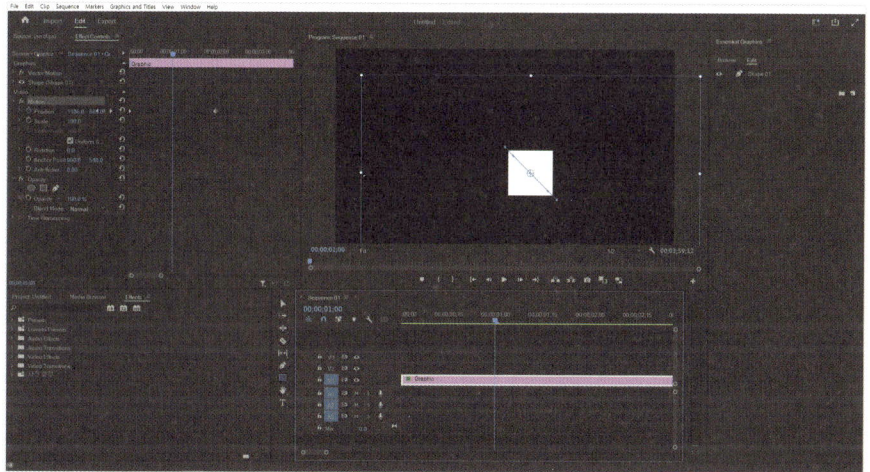

2. 키프레임 추가 및 조정

- 클립의 다른 지점으로 재생 헤드를 이동시킨 후, 속성을 변경하여 두 번째 키프레임을 추가합니다. Premiere Pro는 두 키프레임 사이의 값을 자동으로 보간(interpolation)하여 애니메이션을 생성합니다.
- 각 키프레임의 위치와 값을 조정해 애니메이션의 속도와 변화를 세밀하게 제어할 수 있습니다.

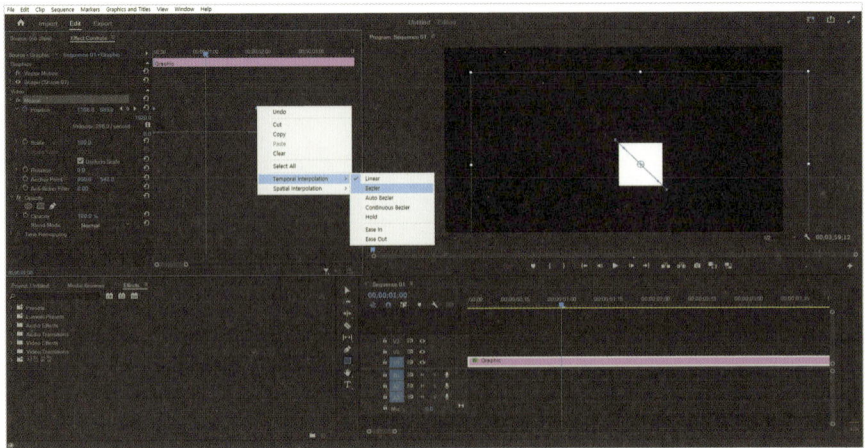

3. 애니메이팅 효과

1. 위치 애니메이션 (Position Animation)

- 키프레임을 사용해 클립이나 텍스트의 위치를 변경할 수 있습니다. 예를 들어, 텍스트가 화면 밖에서 시작해 서서히 중앙으로 이동하는 애니메이션을 만들 수 있습니다.

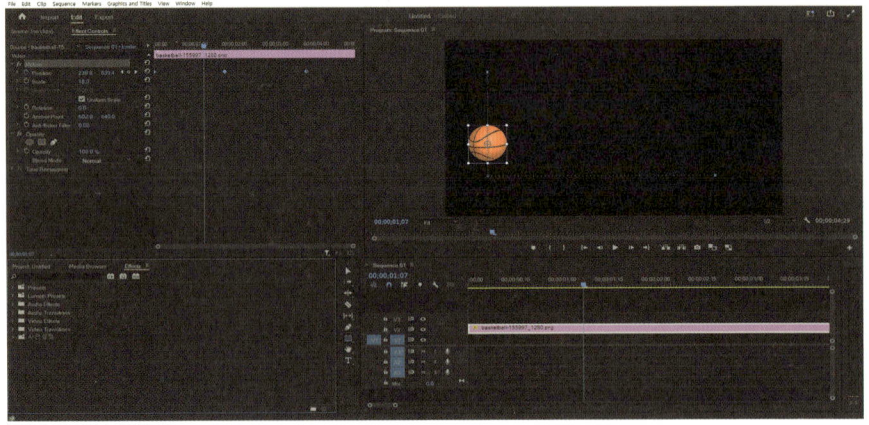

2. 스케일 애니메이션 (Scale Animation)

- 키프레임을 사용해 클립이나 그래픽 요소의 크기를 변경할 수 있습니다. 예를 들어, 영상이 서서히 확대되거나 축소되는 효과를 적용할 수 있습니다.

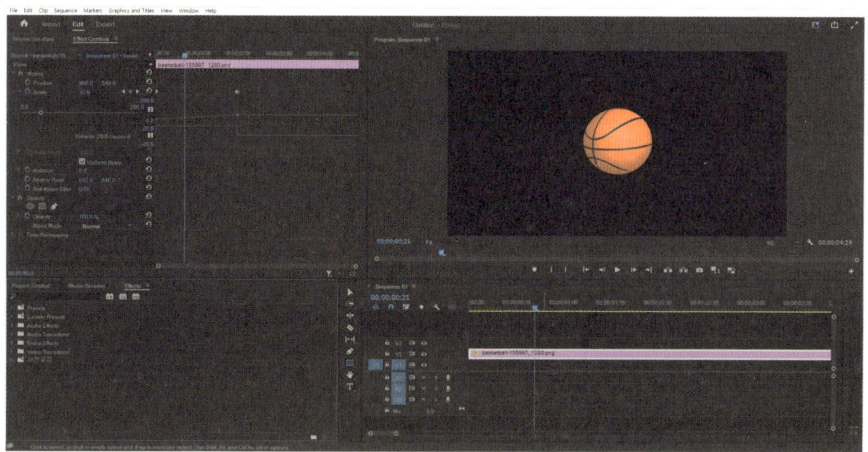

3. 불투명도 애니메이션 (Opacity Animation)

- 불투명도 속성에 키프레임을 적용해 클립이 점차 나타나거나 사라지는 효과를 만들 수 있습니다. 예를 들어, 클립이 페이드 인 또는 페이드 아웃되도록 설정할 수 있습니다.

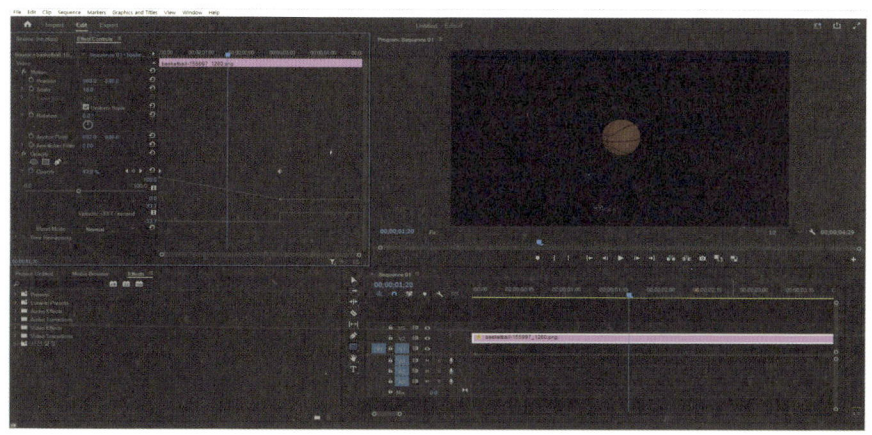

4. 회전 애니메이션 (Rotation Animation):

- 회전 속성에 키프레임을 적용해 클립이 회전하는 애니메이션을 만들 수 있습니다. 회전 각도를 조정하여 자연스러운 회전 효과를 구현할 수 있습니다.

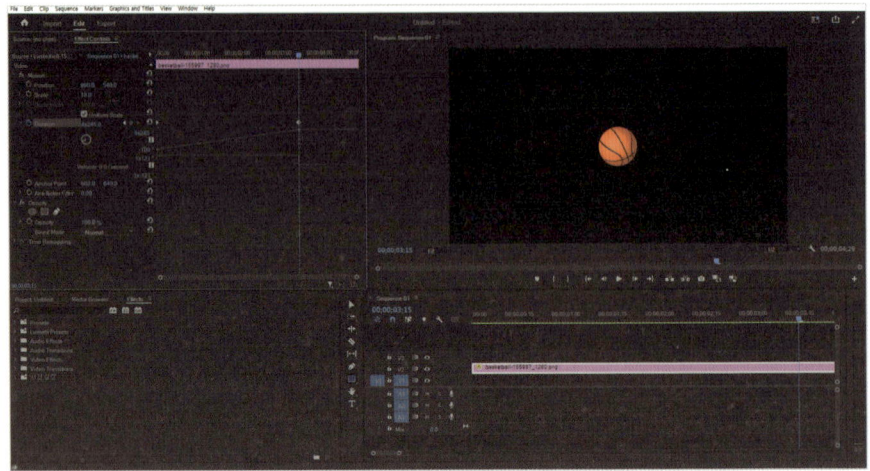

4. 복잡한 애니메이션 작업

1. 복수의 속성에 키프레임 적용

- 한 클립에 여러 속성에 대해 키프레임을 설정해 복잡한 애니메이션을 만들 수 있습니다. 예를 들어, 텍스트가 회전하면서 확대되는 애니메이션을 동시에 적용할 수 있습니다.

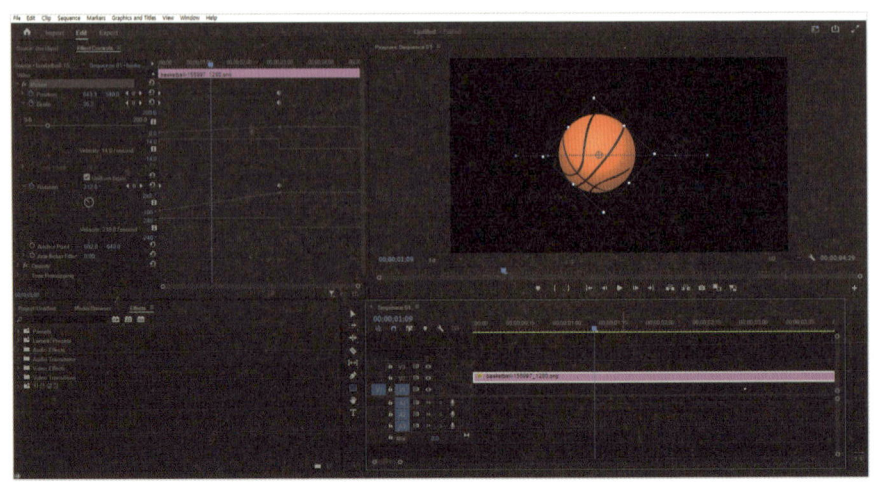

2. Ease In/Ease Out 적용

- 애니메이션의 시작과 끝에서 속도를 부드럽게 조절하기 위해 Ease In 및 Ease Out 옵션을 사용할 수 있습니다. 이 기능은 키프레임 사이의 보간을 더욱 자연스럽게 만들어줍니다.
- «Effect Controls» 패널에서 키프레임을 우클릭하여 "Ease In" 또는 "Ease Out"을 선택해 적용할 수 있습니다.

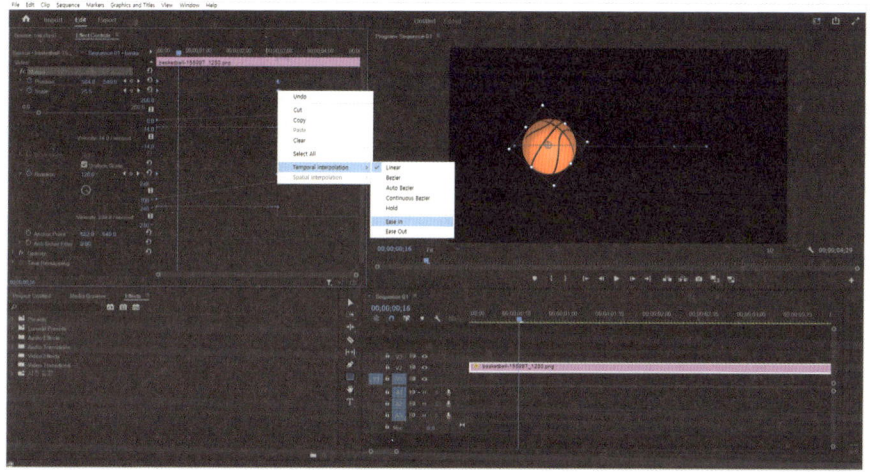

키프레임 보간(interpolation)에 따른 그래픽 형태는 다음과 같습니다.

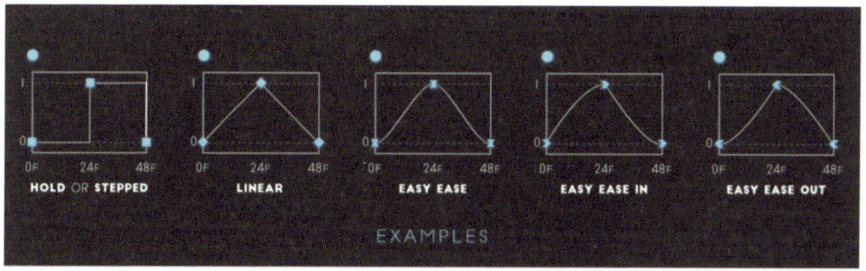

PRACTICE 03 실습 예제

• 텍스트 애니메이션

1. 텍스트 생성
- Essential Graphics 패널에서 텍스트를 생성한 후, 타임라인에 배치합니다.

2. 키프레임 추가
- 텍스트의 **Position** 속성에 키프레임을 추가하여, 텍스트가 화면의 왼쪽에서 오른쪽으로 이동하도록 설정합니다. 시작 위치와 끝 위치에 각각 키프레임을 추가합니다.

3. 스케일 애니메이션 추가
- 텍스트가 이동하면서 동시에 크기가 커지도록 **Scale** 속성에도 키프레임을 추가합니다. 시작 지점에서는 작은 크기, 끝 지점에서는 큰 크기로 설정합니다.

4. Ease In/Ease Out 적용
- 텍스트 애니메이션이 부드럽게 시작하고 끝나도록 **Ease In**과 **Ease Out**을 적용합니다.

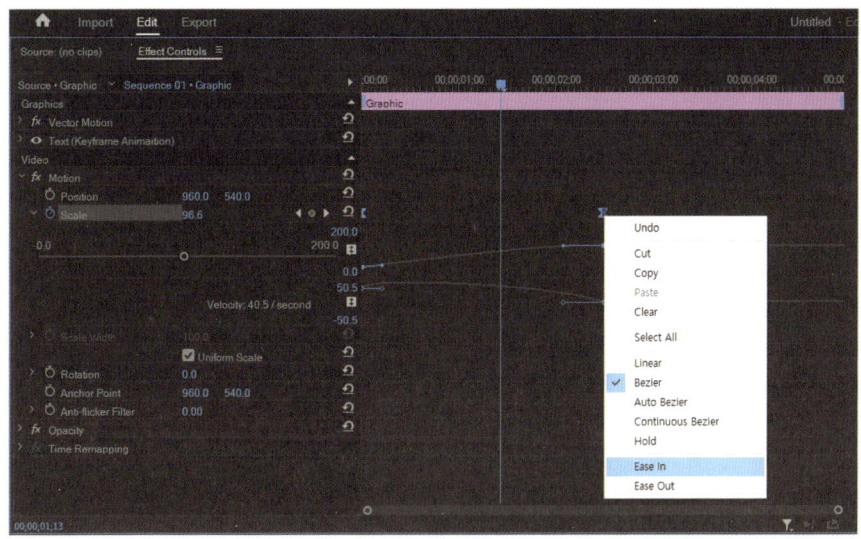

5. 결과 미리보기

- 타임라인에서 재생 버튼을 눌러 텍스트 애니메이션을 미리 봅니다. 필요한 경우 키프레임의 위치와 값을 조정해 애니메이션을 완성합니다.

CHAPTER 12
템플릿 사용과 포토샵 연동하기

> 이 장에서는 템플릿을 활용한 빠르고 일관된 디자인 적용 방법과 Photoshop과의 연동을 통해 고급 그래픽 작업을 효과적으로 수행하는 방법을 다룹니다. 이를 통해 영상 제작 과정에서의 효율성과 창의성을 극대화할 수 있습니다.

1. 템플릿 사용

1. 템플릿의 중요성

- 템플릿은 반복적인 작업을 간소화하고 일관된 디자인을 유지하는 데 매우 유용합니다. Premiere Pro에서는 미리 만들어진 템플릿을 사용해 자막, 그래픽, 애니메이션 등을 빠르게 추가할 수 있습니다.

2. Essential Graphics 패널에서 템플릿 사용

- 《Essential Graphics》 패널에서 제공되는 기본 템플릿을 사용해 프로젝트에 자막과 그래픽 요소를 추가할 수 있습니다.
- 템플릿을 타임라인에 드래그 앤 드롭하여 사용하며, 텍스트, 색상, 크기 등을 커스터마이징할 수 있습니다.

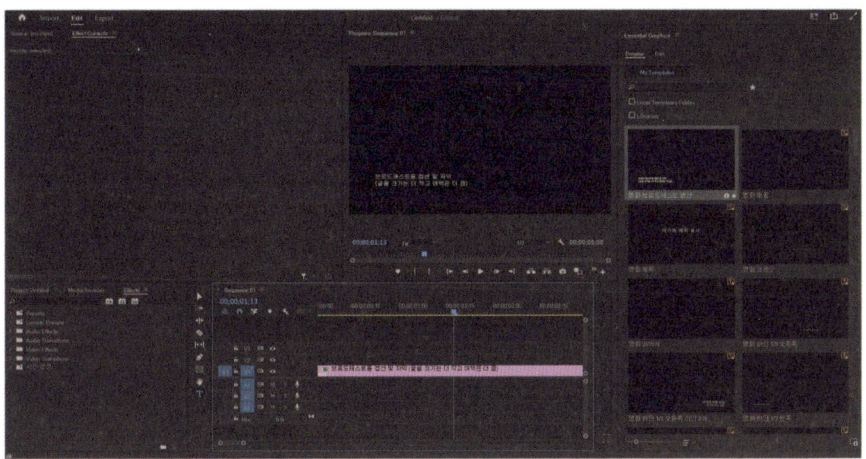

3. Adobe Stock에서 템플릿 다운로드

- Adobe Stock에서 추가적인 템플릿을 다운로드할 수 있습니다. 다양한 스타일과 디자인을 제공하므로 프로젝트의 성격에 맞는 템플릿을 선택할 수 있습니다.

4. 모션 그래픽 템플릿(MOGRT) 사용

- 모션 그래픽 템플릿(MOGRT)은 애니메이션이 포함된 그래픽 요소로, 더 복잡한 디자인을 쉽게 적용할 수 있습니다. MOGRT 파일은 타임라인에 추가한 후 텍스트와 그래픽을 수정하여 사용할 수 있습니다.

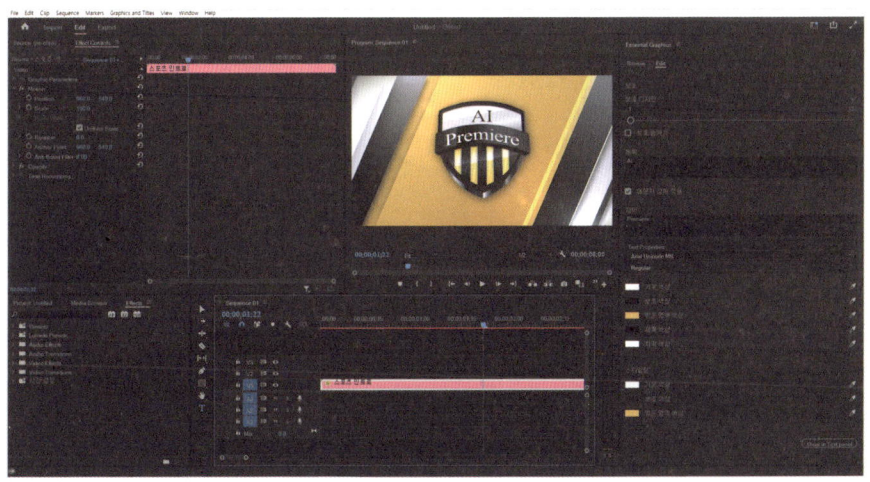

2. 포토샵과 연동하기

1. PSD 파일 가져오기

- Photoshop에서 만든 PSD 파일을 Premiere Pro로 가져와서 사용합니다. PSD 파일은 레이어를 유지하며, 각 레이어를 개별적으로 조정할 수 있습니다.
- "File" > "Import"를 통해 PSD 파일을 불러오고, 가져올 때 "Sequence" 또는 "Merged Layers" 옵션을 선택해 작업할 수 있습니다.

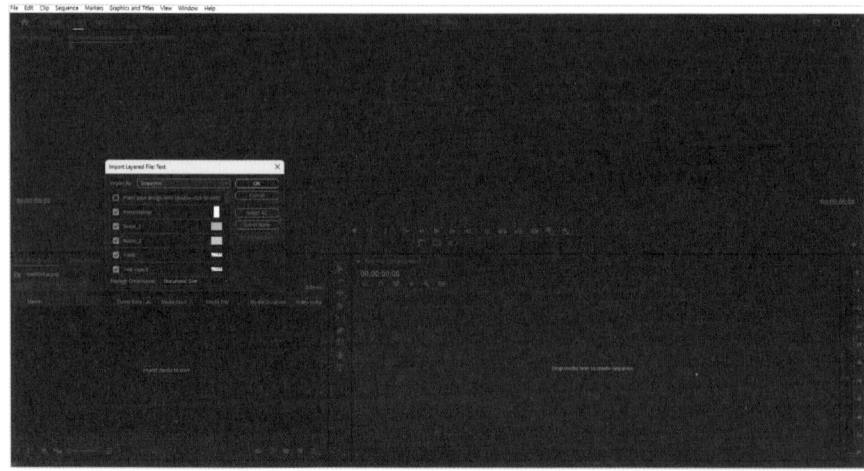

2. 레이어별 애니메이션

- PSD 파일의 각 레이어를 Premiere Pro에서 개별적으로 애니메이션할 수 있습니다. 예를 들어, 텍스트 레이어는 타임라인에서 키프레임을 사용해 이동하거나, 크기를 변경할 수 있습니다.

3. 실시간 연동

- Photoshop에서 PSD 파일을 수정하면, Premiere Pro에서 자동으로 업데이트됩니다. 이를 통해 두 프로그램 간의 작업을 원활하게 이어갈 수 있습니다.
- «Edit Original» 옵션을 사용해 Photoshop에서 파일을 즉시 편집하고, 변경사항이 Premiere Pro에 바로 반영되도록 할 수 있습니다.

실습 예제

• 템플릿과 포토샵 연동

1. 템플릿 적용

- Essential Graphics 패널에서 템플릿을 선택해 타임라인에 배치합니다. 텍스트와 색상을 수정해 프로젝트에 맞게 커스터마이즈합니다.

2. 포토샵 파일 사용

- Photoshop에서 만든 로고 또는 그래픽 요소를 PSD 파일로 저장한 후, Premiere Pro로 가져옵니다. 각 레이어를 타임라인에서 개별적으로 애니메이션하여 로고가 서서히 나타나거나 회전하는 효과를 적용합니다.

3. 작업 연동

- Photoshop에서 PSD 파일의 색상을 변경한 후, Premiere Pro에서 실시간으로 반영된 결과를 확인합니다. 이 과정을 통해 디자인 수정과 영상 편집을 동시에 진행할 수 있습니다.

CHAPTER 13
3점 편집과 멀티카메라 편집

> 이 장에서는 Premiere Pro에서 3점 편집과 멀티캠 편집을 활용하여 보다 효율적이고 정교한 편집을 수행하는 방법을 학습합니다. 이 두 가지 편집 기법은 다양한 프로젝트에서 중요한 역할을 하며, 복잡한 편집 작업을 간소화하고 품질을 높일 수 있습니다.

1. 3점 편집 (Three-Point Editing)

1. 3점 편집의 개념

- 3점 편집은 타임라인에서 클립을 배치하는 가장 기본적인 편집 방법 중 하나로, 소스 클립의 인점(In Point)과 아웃점(Out Point), 타임라인의 삽입 지점을 설정하여 클립을 정확하게 배치하는 방식입니다.

2. 3점 편집의 단계

- **인점(In Point) 설정:** 소스 패널에서 원하는 클립의 시작 지점을 마크합니다.
- **아웃점(Out Point) 설정:** 클립의 종료 지점을 설정합니다.
- **삽입 지점 선택:** 타임라인에서 클립을 삽입할 위치를 선택합니다. 이때 플레이헤드 위치를 기준으로 클립이 삽입됩니다.
- **삽입(Insert) 또는 덮어쓰기(Overwrite):** 클립을 타임라인에 삽입할지 덮어쓸지 선택합니다. 삽입은 기존 클립을 밀어내며 클립을 추가하고, 덮어쓰기는 기존 클립을 대체합니다.

3. 3점 편집의 응용

- 이 기법은 클립을 정확한 위치에 배치하는 데 매우 유용하며, 긴 편집 작업을 효율적으로 수행할 수 있게 해줍니다.

2. 멀티캠 편집

1. 멀티캠 편집의 개념

- 멀티캠 편집은 여러 대의 카메라로 촬영된 영상을 동기화하여 하나의 타임라인에서 편집하는 기법입니다. 이는 주로 인터뷰, 콘서트, 이벤트 촬영 등에 사용됩니다.

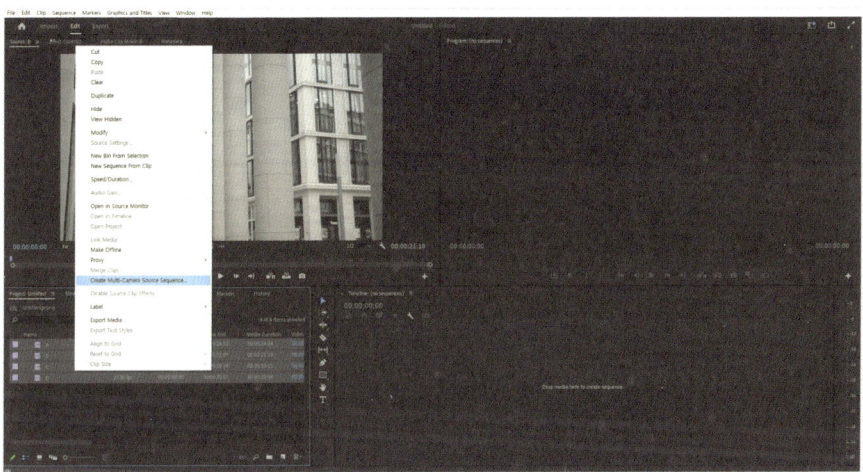

2. 멀티캠 시퀀스 설정

- **클립 동기화:** 여러 카메라에서 촬영된 클립을 오디오 또는 타임코드를 기준으로 동기화합니다. Premiere Pro에서 "Create Multi-Camera Source Sequence" 옵션을 사용해 동기화할 수 있습니다.
- **멀티캠 시퀀스 생성:** 동기화된 클립들을 하나의 멀티 카메라 시퀀스로 생성하고, 이 시퀀스를 편집용 타임라인에 추가합니다.

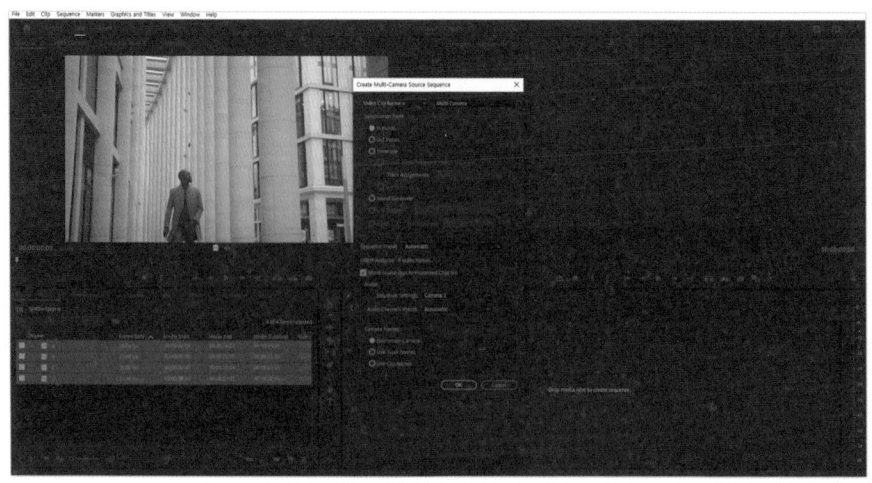

3. 멀티캠 편집

- **멀티캠 뷰:** "Program Monitor"에서 멀티캠 뷰를 활성화하면 여러 캠의 피드를 동시에 볼 수 있습니다.
- **실시간 컷:** 재생하면서 원하는 캠의 피드를 클릭해 컷을 전환합니다. 이 방식은 실제 라이브 편집과 유사하며, 편집이 끝난 후에도 각 컷을 개별적으로 수정할 수 있습니다.

4. 멀티캠 편집의 응용

- 멀티캠 편집은 복잡한 장면을 다양한 각도에서 쉽게 편집할 수 있도록 해주며, 특히 라이브 이벤트나 인터뷰 편집에서 매우 유용합니다.

CHAPTER 14
네스트(Nesting) 사용방법

이 장에서는 네스트의 개념과 활용 방법을 배웁니다. 네스트를 적절히 사용하면 작업의 효율성과 일관성을 높일 수 있으며, 특히 복잡한 애니메이션이나 색 보정 작업에서 강력한 도구로 활용할 수 있습니다.

1. 네스트의 개념

네스트(Nesting)는 여러 개의 클립을 하나의 시퀀스로 묶어 관리하는 기능입니다. 네스트를 사용하면 복잡한 타임라인을 간소화하고, 여러 클립에 동일한 효과나 애니메이션을 적용할 때 유용합니다. 네스트된 시퀀스는 개별 클립처럼 타임라인에서 사용할 수 있습니다.

2. 네스트 시퀀스 생성

1. 클립 선택 및 네스트 생성

- 타임라인에서 네스트하려는 클립들을 선택한 후, 마우스 오른쪽 버튼을 클릭하고 "Nest(네스트)"를 선택합니다.
- 새로운 네스트 시퀀스에 이름을 지정하고 확인을 클릭하면 선택된 클립들이 하나의 네스트 시퀀스로 변환됩니다.

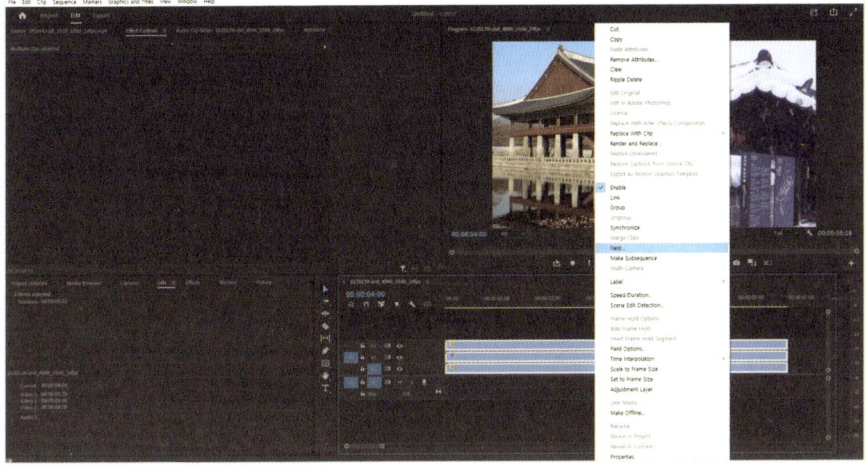

2. 네스트의 기본 활용

- 네스트된 시퀀스는 개별 클립처럼 이동하거나 편집할 수 있으며, 여러 클립에 동일한 효과를 적용할 때 유용합니다.

3. 네스트 활용 방법

1. 애니메이팅에 응용

- 네스트된 시퀀스에 키프레임을 사용하여 애니메이션을 적용할 수 있습니다. 예를 들어, 여러 클립이 포함된 네스트에 스케일, 회전, 위치 변화를 적용해 복합적인 애니메이션 효과를 만들 수 있습니다.
- 개별 클립이 아닌, 네스트 전체에 애니메이션을 적용하면 작업이 단순화되고, 애니메이션의 일관성을 유지할 수 있습니다.

2. 색 보정에 응용

- 여러 클립이 포함된 네스트 시퀀스에 Lumetri Color를 적용하면, 모든 클립에 동일한 색 보정을 한 번에 적용할 수 있습니다.
- 이는 동일한 촬영 환경에서 찍은 클립들의 색상 톤을 일관되게 유지할 때 유용합니다. 색상 일치를 유지하면서도 효율적인 색 보정을 할 수 있습니다.

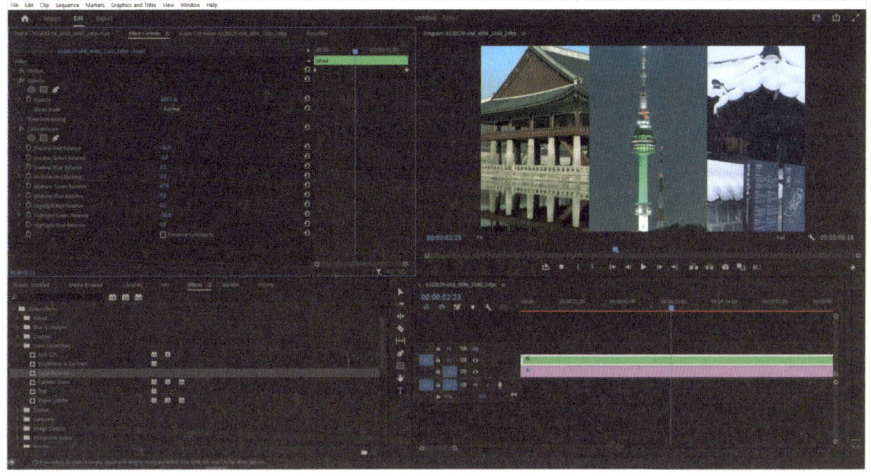

3. 효과 응용: Track Matte Key

- Track Matte Key 효과를 네스트와 함께 사용하여 창의적인 트랜지션 효과를 만들 수 있습니다. 예를 들어, 네스트 시퀀스를 하나의 매트로 사용해 다른 영상의 특정 부분만 표시되도록 할 수 있습니다.
- 먼저 텍스트나 모양을 가진 시퀀스를 네스트로 만들고, Track Matte Key를 적용할 클립에 네스트를 매트로 지정하여 화면의 특정 부분만 보이게 설정할 수 있습니다.

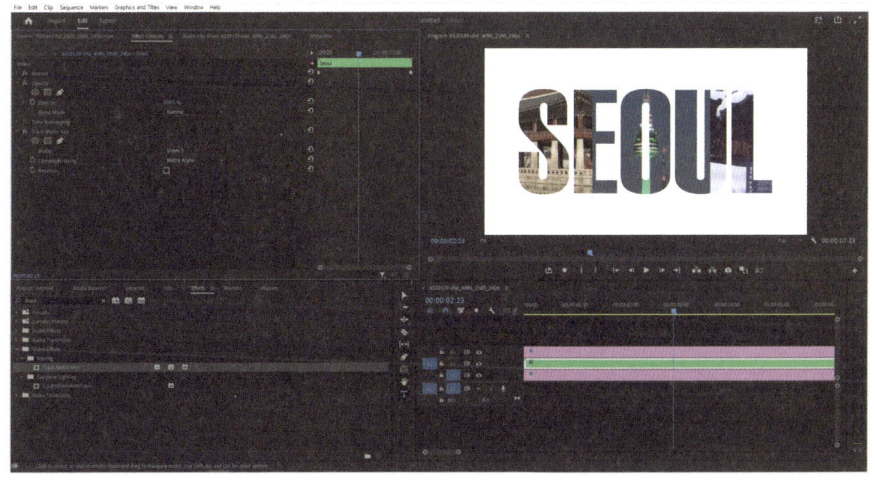

4. 네스트 시퀀스 편집

1. 네스트 시퀀스 열기 및 수정

- 네스트된 시퀀스를 수정하려면 네스트 시퀀스를 더블 클릭하여 별도의 시퀀스에서 편집합니다. 여기서 개별 클립들을 추가, 삭제, 또는 재정렬할 수 있습니다.
- 수정된 내용은 네스트 시퀀스가 사용된 모든 타임라인에 자동으로 반영됩니다.

2. 네스트 해제

- 네스트된 시퀀스를 원래의 개별 클립으로 되돌리려면, 네스트된 클립을 선택한 후 "Unnest(네스트 해제)" 옵션을 사용해 개별 클립으로 복원할 수 있습니다.

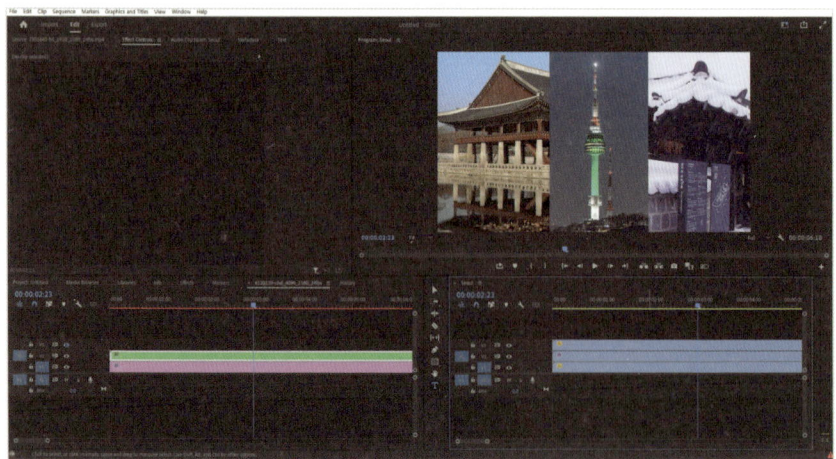

5. 네스트의 장점과 주의사항

1. 장점

- 타임라인을 깔끔하게 유지하며, 복잡한 편집을 단순화할 수 있습니다.
- 동일한 효과나 애니메이션을 여러 클립에 적용할 때 매우 효율적입니다.

2. 주의사항

- 네스트된 시퀀스는 하나의 단위로 처리되므로, 개별 클립에 대한 세밀한 조정이 필요할 때는 네스트 해제 후 작업을 해야 할 수 있습니다.

PRACTICE 05 실습 예제

• 타이틀 시퀀스 제작하기

이번 실습에서는 키프레임 적용, 포토샵 연동, 3점 편집, 네스트를 활용하여 여행하고 싶은 도시를 주제로 타이틀 시퀀스를 제작합니다.

1. 포토샵 연동

- **포토샵에서 타이틀 이미지 생성:** 포토샵에서 여행하고 싶은 도시의 이름이 포함된 타이틀 이미지를 디자인합니다. 예를 들어, "Paris"라는 타이틀과 함께 도시의 랜드마크 이미지를 포함시킵니다.
- **Premiere Pro로 가져오기:** PSD 파일을 Premiere Pro로 임포트하여 타임라인에 배치합니다. 레이어가 유지되므로 각 요소를 개별적으로 편집할 수 있습니다.

2. 키프레임 적용

- **텍스트 애니메이션:** "Effect Controls" 패널에서 포토샵에서 가져온 텍스트 레이어에 키프레임을 적용하여 텍스트가 서서히 나타나고 커지는 애니메이션을 만듭니다. 시작 위치와 끝 위치에 키프레임을 설정하여 텍스트가 움직이거나 크기가 변하도록 조정합니다.

- **이미지 애니메이션:** 도시 이미지를 확대하거나 이동시키는 애니메이션을 추가해 시각적인 흥미를 더합니다.

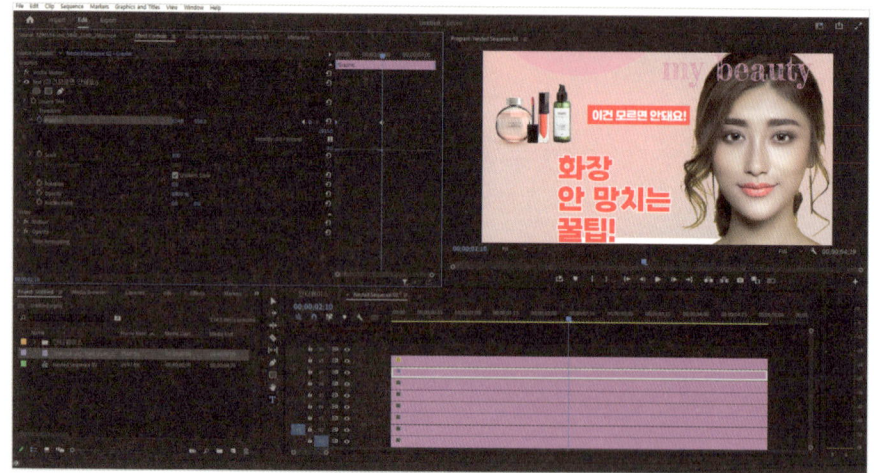

3. 네스트 활용

- **타이틀 시퀀스 네스트:** 타이틀 이미지와 애니메이션이 적용된 클립들을 모두 선택하고, 네스트로 묶습니다. 이렇게 하면 타이틀 시퀀스를 하나의 단위로 관리할 수 있습니다.

- **전체 애니메이션 적용:** 네스트된 타이틀 시퀀스 전체에 추가적인 애니메이션 효과나 색 보정을 적용합니다. 예를 들어, 네스트 시퀀스 전체에 페이드 인/아웃 효과를 추가하여 타이틀이 자연스럽게 등장하고 사라지도록 할 수 있습니다.

4. 3점 편집

- **영상 클립 추가:** 도시의 랜드마크나 풍경을 담은 비디오 클립을 소스 패널에 불러옵니다. 클립의 인점(In Point)과 아웃점(Out Point)을 설정하고, 타임라인의 삽입 지점에 정확하게 배치합니다.

- **편집 작업:** 여러 클립을 이어 붙여 자연스럽게 연결되도록 편집합니다.

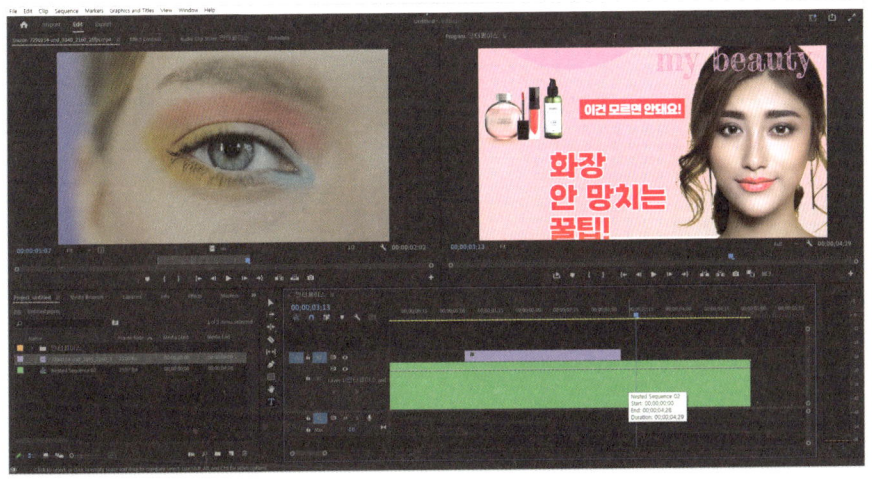

5. 최종 검토 및 내보내기

- **미리보기:** 타임라인을 재생하여 타이틀 시퀀스가 기대한 대로 작동하는지 확인합니다.
- **내보내기:** 타이틀 시퀀스를 원하는 형식으로 내보내어, 다른 비디오 프로젝트나 프레젠테이션에 사용할 수 있습니다.

> 이 실습을 통해 포토샵 연동, 키프레임 애니메이션, 3점 편집, 네스트를 종합적으로 활용하여 전문적인 타이틀 시퀀스를 제작하는 방법을 익힐 수 있습니다.

Starry Night Over the Rhone (1888) Vincent van Gogh (Dutch, 1853-1890)

Wheat Field with Cypresses (1889) Vincent van Gogh (Dutch, 1853-1890)

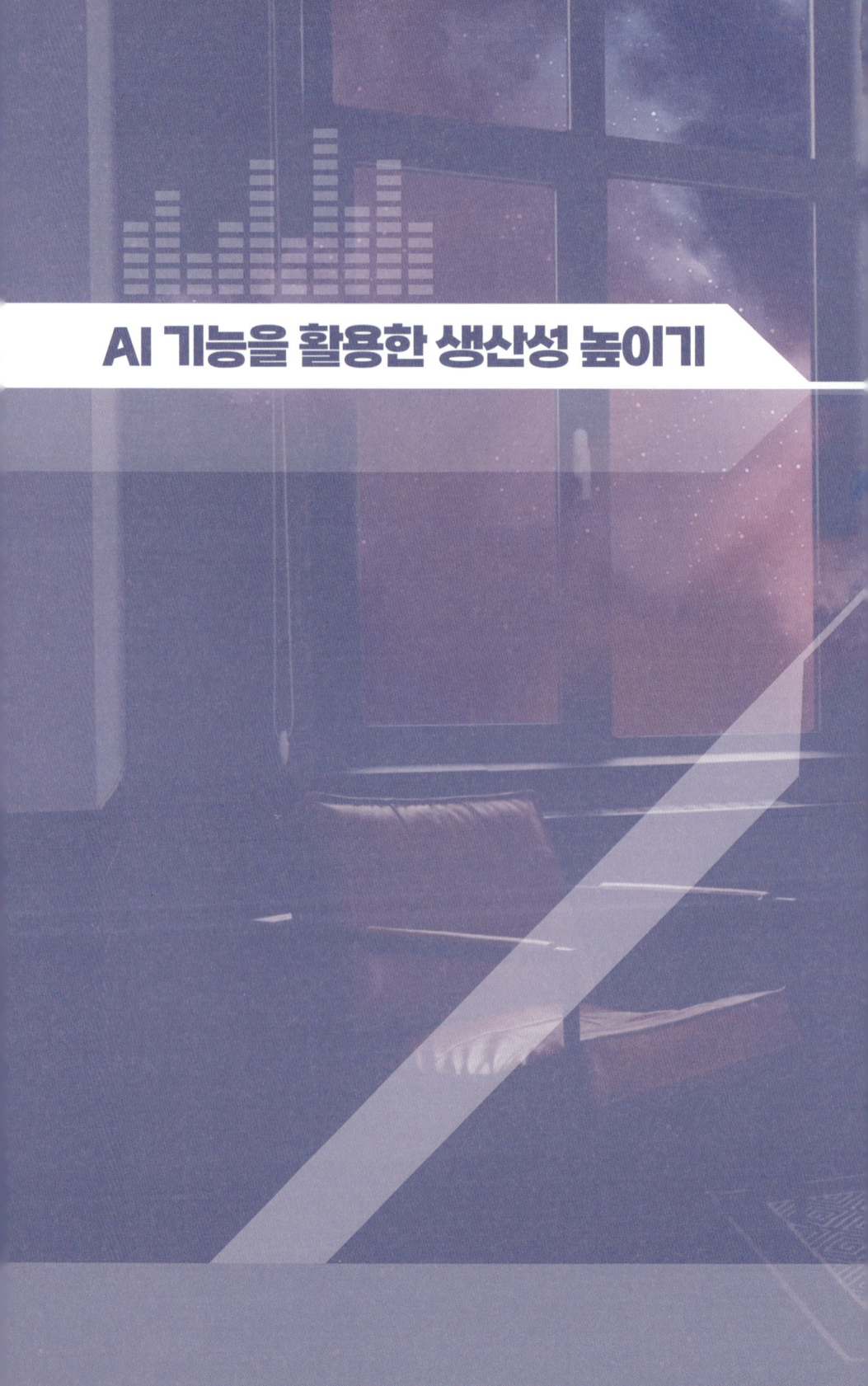

PART. 05

CHAPTER 15. 자동 자막 생성

CHAPTER 16. 자동 오디오 리믹스

CHAPTER 17. 자동 믹싱 덕킹(Ducking)

CHAPTER 18. 자동 편집점 생성 방법

CHAPTER 19. 자동 색상일치

CHAPTER 20. 자동 화면 변환

CHAPTER 15
자동 캡션 자막 생성 방법

이 장에서는 Premiere Pro의 자동 캡션 기능을 사용하여 빠르고 효율적으로 자막을 생성하는 방법을 학습합니다. 이 기능은 특히 긴 영상에서 자막 작업의 시간을 절약할 수 있는 유용한 도구입니다.

1. 자동 캡션 기능 소개

Premiere Pro의 자동 캡션 기능은 AI를 활용하여 영상의 오디오를 분석하고, 자동으로 자막을 생성하는 기능입니다. 이 기능은 자막 작업을 크게 단축시켜 주며, 정확한 자막을 빠르게 만들 수 있도록 돕습니다.

2. 자동 캡션 생성 단계

1. 프로젝트 설정

- 영상 파일을 타임라인에 배치하고, 캡션을 생성할 준비를 합니다.

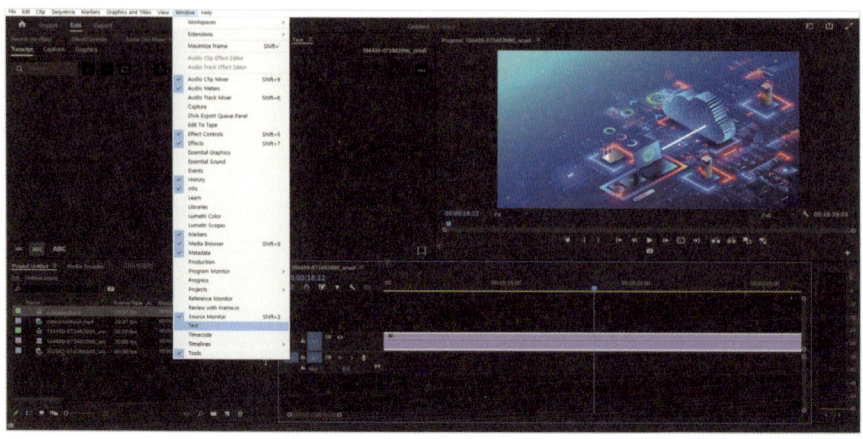

2. 자동 자막 생성 시작

- 상단 메뉴에서 "Window" 〉 "Text" 〉 "Create Transcription"을 선택하여 텍스트 패널을 엽니다.
- «Create Transcription» 버튼을 클릭하여 오디오를 분석하고 자막을 생성할 수 있습니다.

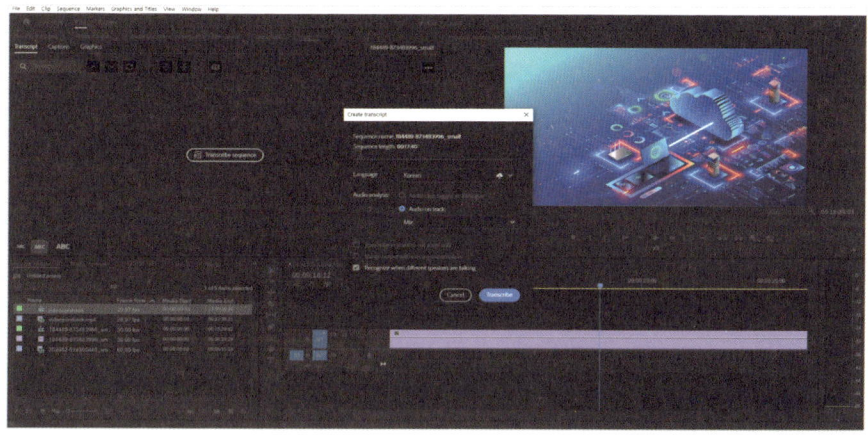

3. 자막 설정

- **언어 선택:** 분석할 오디오의 언어를 선택합니다.
- **스피커 구분:** 필요에 따라 다수의 화자가 있는 경우, 스피커 구분 기능을 활성화할 수 있습니다.
- 설정 완료 후, "Transcribe" 버튼을 눌러 자동 자막 생성을 시작합니다.

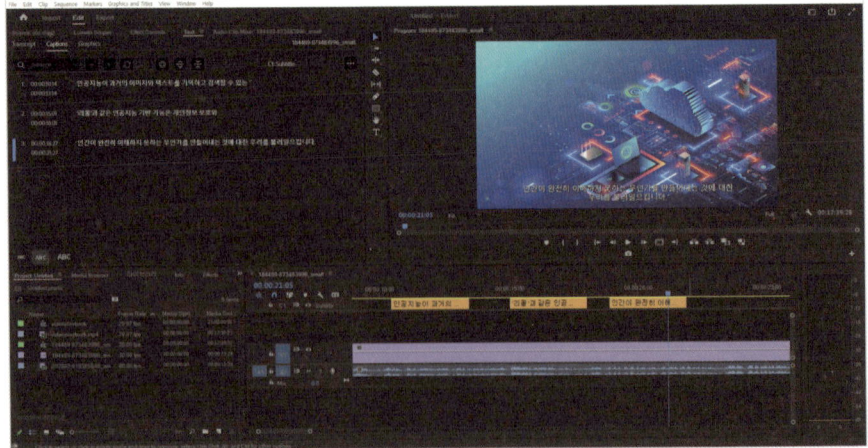

4. 자막 편집 및 검토

- 생성된 자막은 텍스트 패널에 표시되며, 필요에 따라 텍스트를 수정할 수 있습니다.
- 자막의 타이밍, 문구 등을 조정하여 영상과 완벽하게 일치하도록 합니다.

5. 자막 스타일 적용

- 텍스트 패널에서 자막을 선택한 후, "Essential Graphics" 패널에서 자막의 폰트, 크기, 색상 등을 스타일링할 수 있습니다.
- 일관된 자막 스타일을 유지하기 위해 템플릿을 사용하거나, 새로운 스타일을 직접 설정할 수 있습니다.

6. 타임라인에 자막 추가

- 자동 생성된 자막을 타임라인에 추가하여 비디오와 함께 재생되도록 합니다. 필요에 따라 자막의 위치나 길이를 조정할 수 있습니다.

3. 최종 자막 내보내기

1. 자막 파일로 내보내기

- "File" > "Export" > "Captions"를 선택하여 자막을 SRT, VTT 등의 파일 형식으로 내보낼 수 있습니다. 이 자막 파일은 다양한 플랫폼에서 사용 가능합니다.

2. 비디오에 자막 포함하기

- 자막을 비디오에 번인하여 내보낼 수도 있습니다. 내보내기 설정에서 "Captions" 옵션을 선택하고 "Burn Captions into Video"를 체크하여 자막이 비디오의 일부분으로 포함되도록 할 수 있습니다.

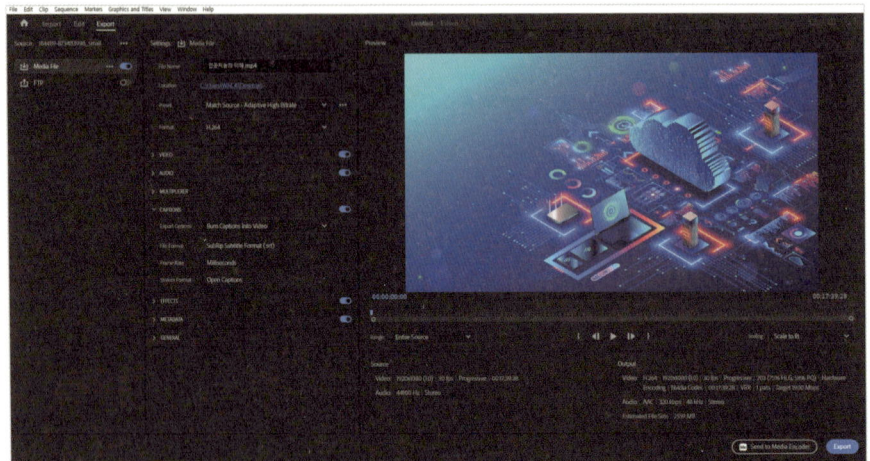

CHAPTER 16 자동 오디오 리믹스

이 장에서는 오디오의 길이를 조정하는 방법과 Premiere Pro에서 제공하는 자동 리믹스 기능을 활용하는 방법을 학습합니다. 이를 통해 영상과 오디오가 일관되게 연결되도록 할 수 있으며, 자연스러운 결과물을 만들 수 있습니다.

1. 오디오 길이 조정의 필요성

영상 편집에서 오디오 길이를 조정하는 것은 중요한 작업입니다. 배경 음악이나 내레이션이 영상의 길이에 맞지 않을 때, 오디오의 속도와 길이를 적절히 조정하여 영상과의 일관성을 유지할 수 있습니다. Premiere Pro는 이러한 작업을 손쉽게 수행할 수 있는 다양한 도구를 제공합니다.

2. 오디오 리믹스 기능 사용

1. 오디오 리믹스 기능 소개

- 오디오 리믹스 기능은 Premiere Pro에서 제공하는 AI 기반 도구로, 오디오 트랙의 길이를 자동으로 조정하여 영상에 맞게 편집할 수 있습니다. 이 기능은 특히 배경 음악의 길이를 조절할 때 유용합니다.

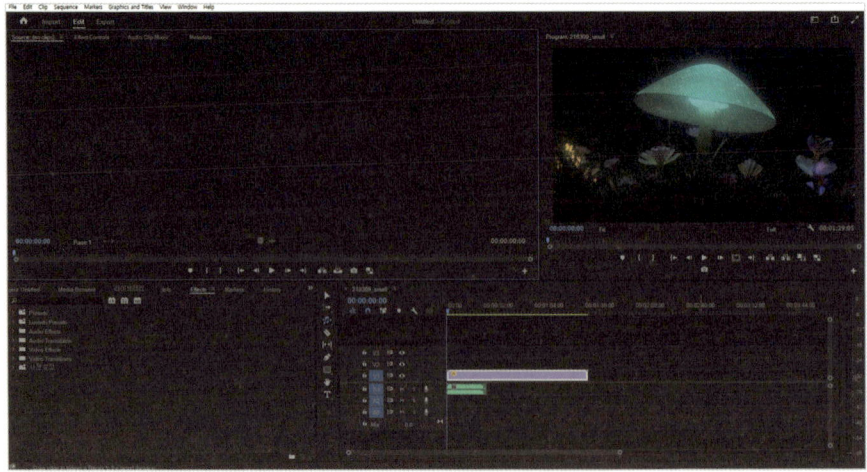

2. 오디오 리믹스 적용 방법

- 오디오 클립을 타임라인에 배치한 후, **Essential Sound** 패널을 엽니다.
- 클립을 선택하고, **Music** 카테고리에서 "Duration"을 선택합니다.
- 《Remix》 옵션을 활성화하고, 원하는 길이로 설정한 후 적용합니다. Premiere Pro는 자동으로 음악을 분석하고, 자연스럽게 리믹스하여 길이를 조정합니다.

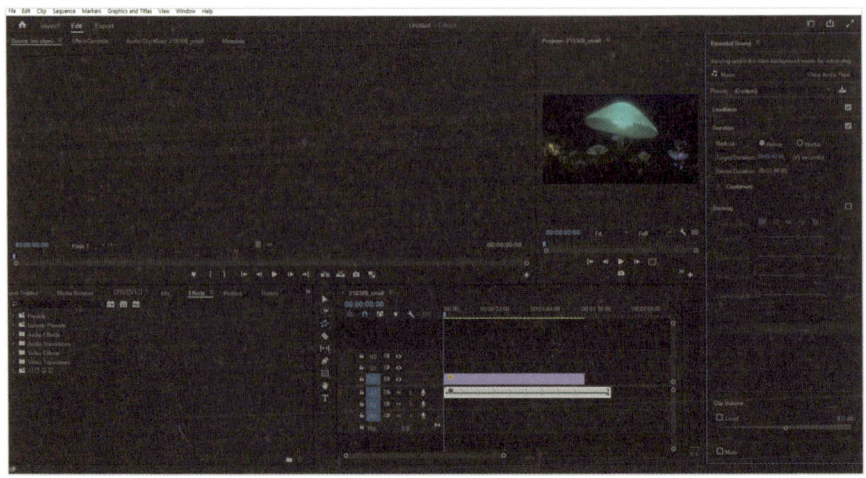

3. 리믹스 설정 조정

- 리믹스 기능은 클립의 구조를 분석하여 반복 부분을 추가하거나 제거하는 방식으로 길이를 조정합니다. 리믹스 설정에서 "Segments"와 "Edit Length"를 조정해 자연스러운 전환이 이루어지도록 할 수 있습니다.

3. 속도 및 길이 수동 조정

1. 속도/길이 조정

- 오디오 클립의 길이를 직접 조정하려면, 오디오 클립을 선택하고 **Speed/Duration** 옵션을 사용합니다. 이 기능을 통해 클립의 속도를 높이거나 낮춰 전체 길이를 조정할 수 있습니다.
- 속도를 조정할 때, 음성 클립에서는 피치 변화에 유의해야 하며, 음악 클립에서는 자연스러운 소리를 유지하도록 설정합니다.

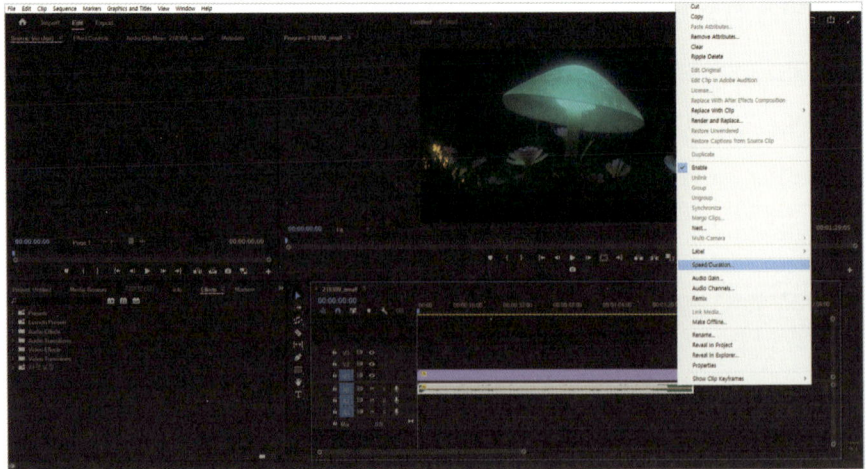

2. 피치 보정 옵션

- «Speed/Duration» 설정 창에서 "Maintain Audio Pitch" 옵션을 선택하면, 속도 조정 시에도 오디오의 피치를 유지할 수 있습니다. 이를 통해 속도를 변경해도 음성이 비정상적으로 들리지 않게 조절할 수 있습니다.

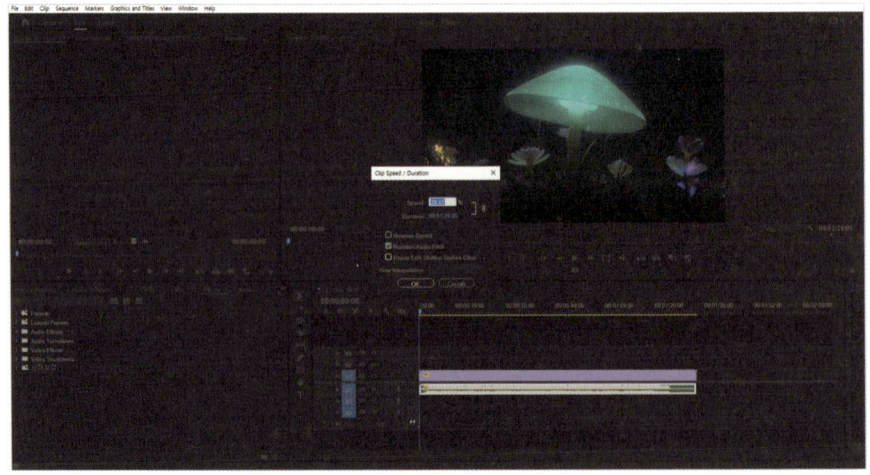

4. 오디오 클립 트림 및 페이드

1. 오디오 트림

- 타임라인에서 오디오 클립의 시작과 끝을 트림하여 불필요한 부분을 제거할 수 있습니다. 클립의 가장자리를 드래그하여 원하는 길이로 조정합니다.

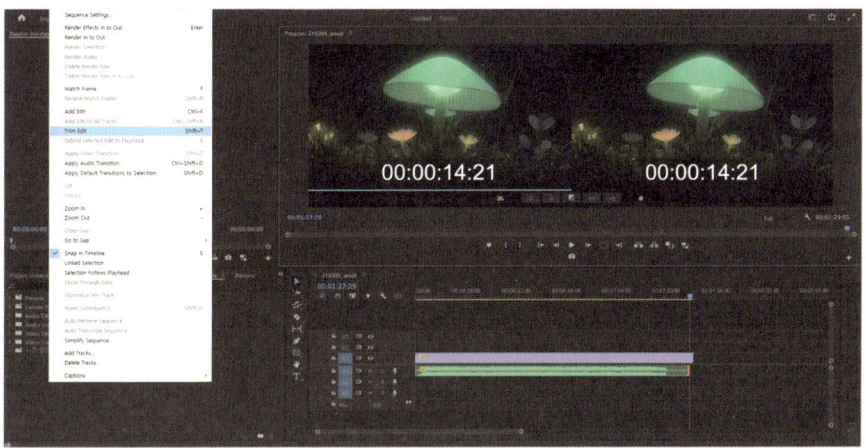

2. 페이드 인/아웃

- 오디오 트림 후, 클립의 시작과 끝에 페이드 인/아웃 효과를 추가하여 부드러운 전환을 만듭니다. 이는 오디오가 갑자기 시작되거나 끝나는 것을 방지하고, 자연스러운 흐름을 유지하는 데 유용합니다.

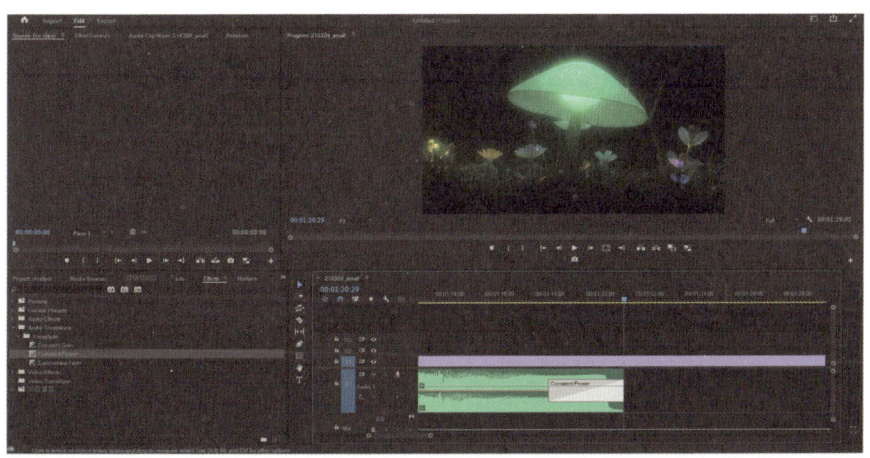

자동 믹싱 덕킹 (Ducking)

이 장에서는 Premiere Pro에서 오디오 덕킹을 설정하고, 이를 통해 영상과 오디오 간의 밸런스를 맞추는 방법을 학습합니다. 덕킹은 영상 제작에서 중요한 음성을 더욱 명확하게 전달하는 데 매우 유용한 기술입니다.

1. 덕킹의 개념

덕킹(Ducking)은 오디오 믹싱에서 주로 사용되는 기술로, 한 트랙의 볼륨을 다른 트랙의 볼륨에 따라 자동으로 낮추는 방법입니다. 예를 들어, 배경 음악의 볼륨이 대화나 내레이션이 시작될 때 자동으로 줄어드는 효과를 만들 수 있습니다. 덕킹을 사용하면 오디오 트랙 간의 균형을 효과적으로 맞추고, 중요한 음성을 명확하게 전달할 수 있습니다.

2. Premiere Pro에서 덕킹 설정하기

1. Essential Sound 패널에서 덕킹 설정

- 타임라인에서 대화나 내레이션이 포함된 오디오 클립을 선택한 후, **Essential Sound** 패널을 엽니다.
- 선택된 클립을 "Dialogue"로 지정합니다.

2. 배경 음악 설정

- 배경 음악 클립을 선택하고, "Music"으로 지정합니다.
- «Duck Against» 옵션에서 "Dialogue"를 선택하여 대화가 있을 때 배경 음악의 볼륨이 자동으로 낮아지도록 설정합니다.

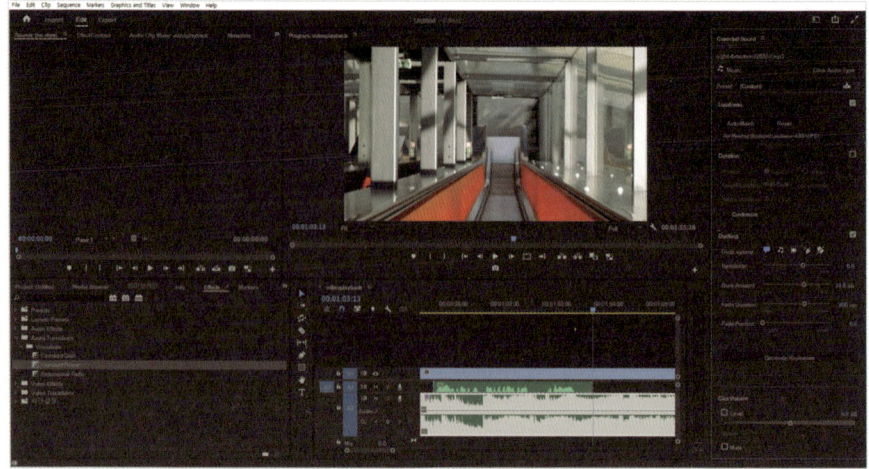

3. 덕킹 매개변수 조정

- **Sensitivity:** 덕킹이 작동하는 감도를 조정합니다. 감도가 높을수록 대화나 내레이션이 미세하게 감지되면 즉시 음악이 낮아집니다.
- **Reduce By:** 배경 음악이 얼마나 낮아질지를 설정합니다. 이 값을 높이면 대화가 더 명확하게 들릴 수 있습니다.
- **Fades:** 덕킹이 시작되고 끝날 때 페이드 인/아웃이 얼마나 부드럽게 진행될지를 설정합니다. 자연스러운 전환을 위해 페이드 값을 조정합니다.

4. 덕킹 적용 및 미리보기

- 설정이 완료되면, 타임라인을 재생하여 덕킹 효과가 잘 적용되었는지 확인합니다. 대화가 시작될 때 배경 음악이 자연스럽게 낮아지고, 대화가 끝나면 다시 원래 볼륨으로 돌아오는지 확인합니다.

3. 덕킹의 활용

1. 인터뷰 영상

- 인터뷰나 다큐멘터리에서 배경 음악이 인터뷰어의 목소리를 방해하지 않도록 덕킹을 사용합니다. 이는 시청자가 중요한 대화를 놓치지 않도록 도와줍니다.

2. 프레젠테이션 및 내레이션

- 내레이션이 포함된 프레젠테이션이나 설명 영상에서 덕킹을 사용하여 배경 음악이 내레이션과 충돌하지 않도록 조정합니다. 이는 청중이 내레이션에 집중할 수 있도록 돕습니다.

CHAPTER 18
자동 편집점 생성 방법

1. 트랜스크립션을 사용하여 음성에 맞춰 자동 편집하는 방법

자동 편집점 생성은 Premiere Pro에서 AI 및 자동화 기능을 활용해 비디오의 중요한 순간을 감지하고, 그 부분에 자동으로 편집점을 추가하는 기능입니다. 이 기능은 특히 긴 영상에서 특정 이벤트나 장면을 빠르게 찾아 편집할 때 유용합니다.

2. 자동 편집점 생성 단계

1. 영상 파일 준비
- 타임라인에 편집할 영상을 추가합니다. 이 기능은 특히 긴 인터뷰, 다큐멘터리, 스포츠 경기 등에서 효과적으로 사용할 수 있습니다.

2. 자동 트랜스크립션 생성
- Premiere Pro에서 **Text** 패널을 열고 "Transcribe" 버튼을 클릭하여 비디오의 오디오를 텍스트로 변환합니다. 이 기능은 자동으로 대화 내용을 분석하고 텍스트 형태로 제공해 줍니다.

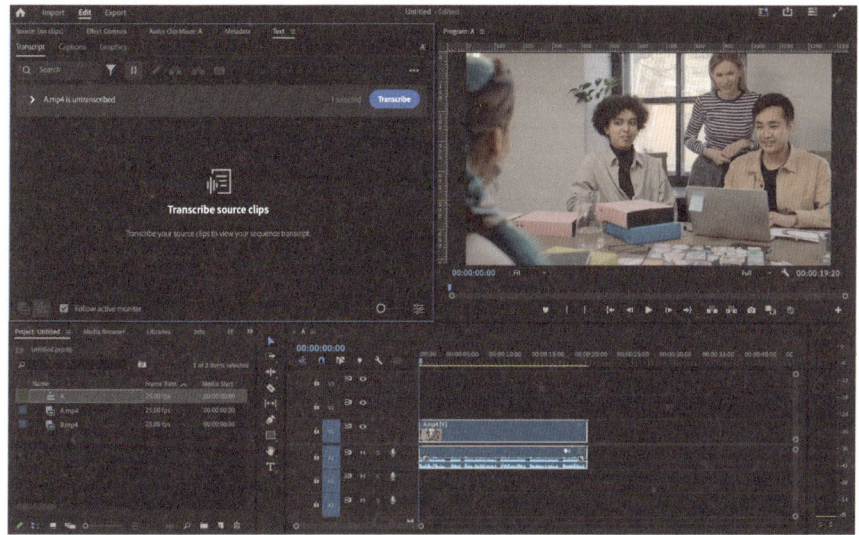

3. 트랜스크립션 검토 및 편집

- 생성된 트랜스크립션을 확인하여 필요한 대화 구절이나 키워드를 중심으로 비디오를 편집합니다. 불필요한 내용이 포함된 경우 해당 부분을 선택하여 삭제할 수 있습니다.

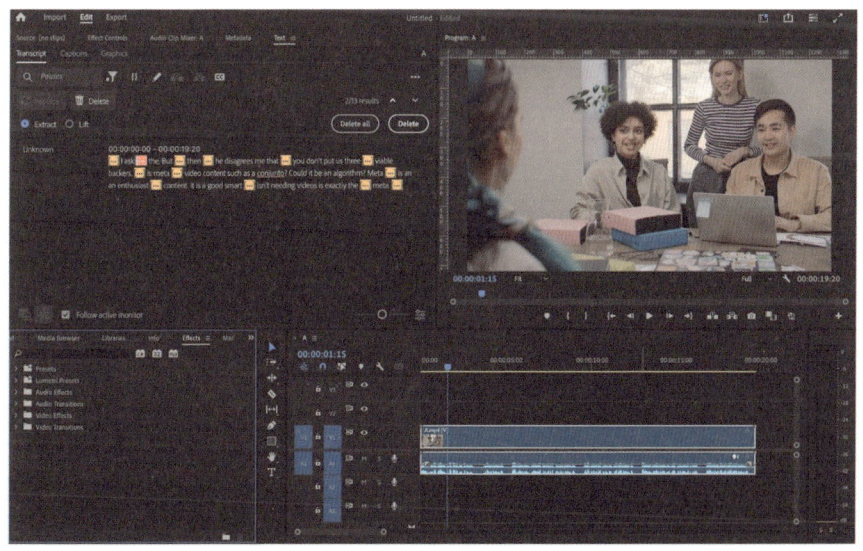

4. 불필요한 부분 제거

- «Pauses» 기능을 사용하여 긴 침묵이나 불필요한 비음성 부분을 자동으로 제거합니다. 이는 인터뷰나 대화 중심의 비디오에서 더 깔끔한 편집 결과를 제공합니다.

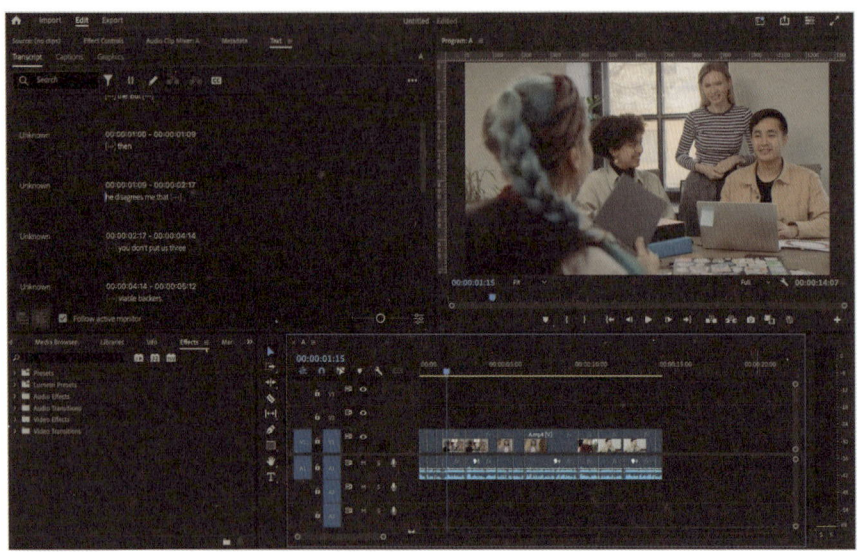

이와 같은 방법을 통해 트랜스크립션 기능을 활용하여 음성 내용에 맞춰 비디오를 자동으로 편집할 수 있으며, 편집 시간을 크게 단축할 수 있습니다.

CHAPTER 19
자동 색상 일치

> 이 장에서는 자동 색상 일치 기능을 사용하여 다양한 조명 조건에서 촬영된 클립 간의 색상을 일치시키는 방법을 학습합니다. 이 기능은 일관된 시각적 경험을 제공하며, 다중 카메라 촬영 프로젝트에서 특히 유용합니다.

1. 자동 색상 일치의 개념

자동 색상 일치(Color Match) 기능은 Adobe Premiere Pro에서 제공하는 AI 기반 도구로, 여러 클립 간의 색상을 자동으로 일치시켜 영상의 일관성을 유지하는 데 사용됩니다. 이 기능은 특히 다양한 조명 조건에서 촬영된 클립들을 하나의 프로젝트에서 일관된 색감으로 조정할 때 유용합니다.

2. 자동 색상 일치 사용 방법

1. Lumetri Color 패널 열기

- 타임라인에서 색상을 일치시킬 클립을 선택하고, **Lumetri Color** 패널을 엽니다.

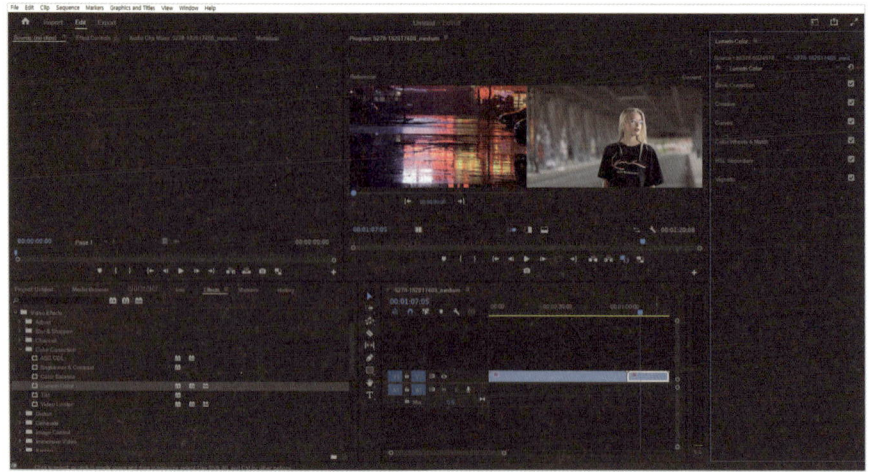

2. Comparison View 활성화

- Lumetri Color 패널에서 **Comparison View**를 활성화합니다. 이 기능을 사용하면 기준 클립과 조정할 클립을 나란히 비교할 수 있습니다.
- 왼쪽에 있는 기준 클립과 오른쪽에 있는 조정할 클립을 확인하며, 이 두 클립의 색상을 일치시킬 수 있습니다.

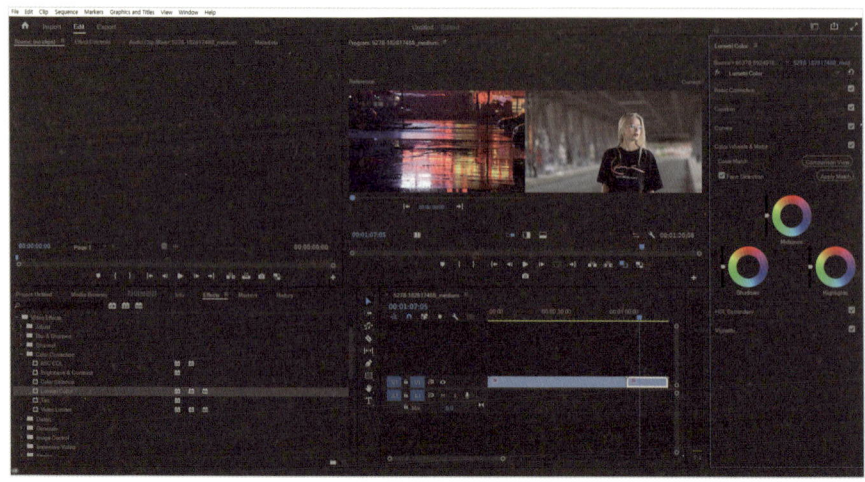

3. 기준 프레임 선택

- 타임라인에서 기준이 될 클립 또는 프레임을 선택합니다. 이 클립의 색상을 기준으로 다른 클립의 색상을 조정합니다.

4. 자동 색상 일치 적용

- **Apply Match** 버튼을 클릭하여 자동으로 색상을 일치시킵니다. Premiere Pro는 AI를 사용해 두 클립 간의 색상, 밝기, 대비 등을 분석하고, 조정된 색상 값을 자동으로 적용합니다.

5. 수동 조정 및 미세 조정

- 자동으로 일치된 색상이 만족스럽지 않을 경우, Lumetri Color 패널에서 수동으로 색상을 미세 조정할 수 있습니다. 기본 보정(Basic Correction) 탭에서 밝기, 대비, 채도 등을 세부적으로 조정해 최종 결과물을 완성합니다.

3. 자동 색상 일치의 활용

1. 다중 카메라 편집
- 여러 대의 카메라로 촬영된 클립을 일관된 색감으로 조정하여, 시청자에게 매끄러운 시각적 경험을 제공합니다.

2. 조명 조건이 다른 촬영물
- 실내외 촬영 등 조명 조건이 다른 클립들을 동일한 색상 톤으로 조정하여 영상의 일관성을 유지할 수 있습니다.

CHAPTER 20

자동 화면 변환

이 장에서는 Auto Reframe 기능을 사용해 다양한 화면 비율에 맞는 영상을 자동으로 생성하는 방법을 학습합니다. 이 기능은 소셜 미디어 콘텐츠 제작에서 시간과 노력을 절약할 수 있는 강력한 도구입니다.

1. Auto Reframe의 개념

Auto Reframe은 Adobe Premiere Pro에서 제공하는 AI 기반 기능으로, 영상을 자동으로 다양한 화면 비율에 맞게 재구성하는 도구입니다. 이 기능은 특히 소셜 미디어용 콘텐츠를 제작할 때 유용하며, 16:9, 1:1, 9:16 등 다양한 비율로 영상을 쉽게 변환할 수 있습니다.

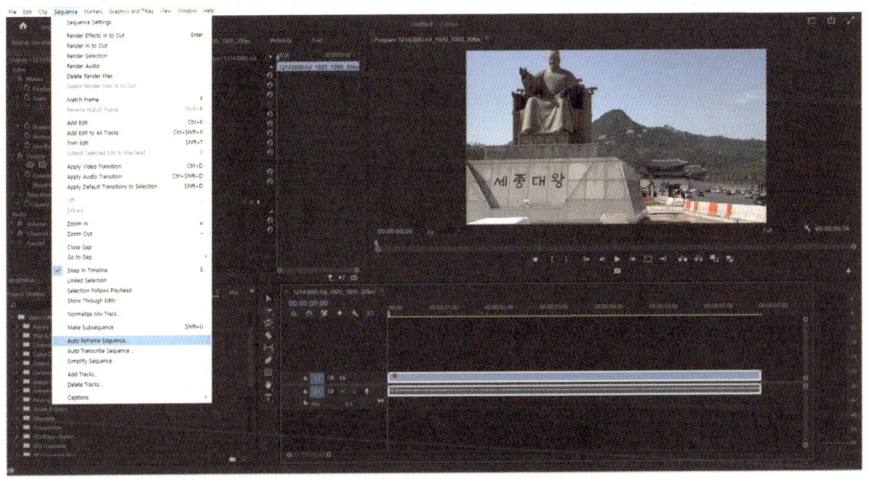

2. Auto Reframe 사용 방법

1. Auto Reframe Sequence 생성

- 타임라인에서 영상을 선택한 후, "Sequence" 메뉴에서 **Auto Reframe Sequence** 옵션을 선택합니다.
- 팝업 창에서 원하는 목표 화면 비율(예: 9:16, 1:1)을 선택합니다.

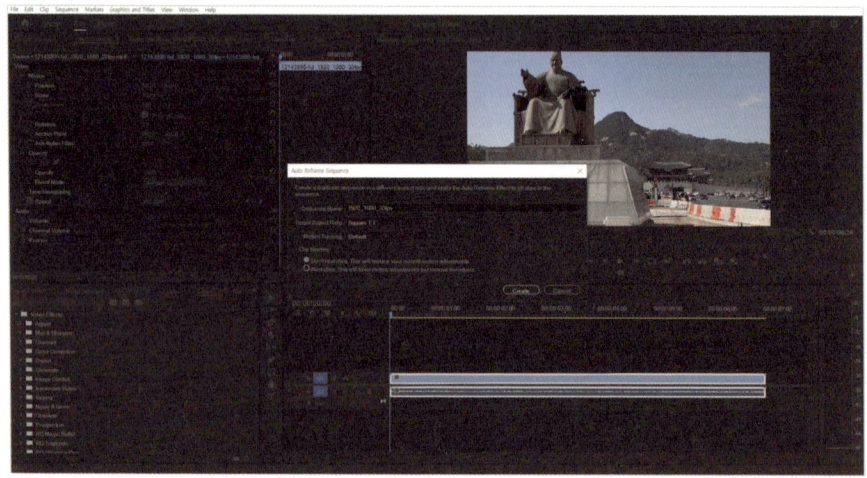

2. 동작 추적 및 프레임 조정

- Premiere Pro는 AI를 활용해 영상의 주요 피사체를 자동으로 추적하고, 선택한 비율에 맞게 프레임을 재조정합니다.
- 이 과정에서 화면의 중심에 있는 주요 요소가 잘리거나 벗어나지 않도록 자동으로 조정됩니다.

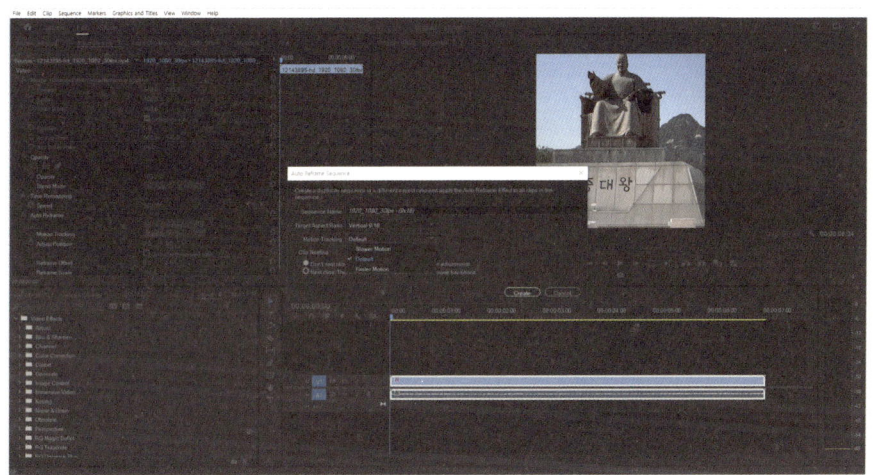

3. 결과 미리보기 및 조정

- 자동으로 생성된 결과물을 미리보고, 필요한 경우 수동으로 조정할 수 있습니다. 트래킹이 부정확한 경우, 키프레임을 추가해 수동으로 조정할 수 있습니다.

3. Auto Reframe의 활용 사례

1. 소셜 미디어 콘텐츠

- Instagram, TikTok, Facebook 등 다양한 소셜 미디어 플랫폼에 맞는 비율로 영상을 빠르게 변환할 수 있습니다. 16:9 비율의 영상을 9:16 세로 비율로 쉽게 변환하여 모바일 친화적인 콘텐츠를 제작할 수 있습니다.

2. 멀티플랫폼 콘텐츠 제작

- 다양한 플랫폼에 동일한 콘텐츠를 배포할 때, 각 플랫폼에 맞는 비율로 자동 조정하여 작업 시간을 크게 단축할 수 있습니다.

- **겨울 여행 콘텐츠 제작하기**

이번 장에서는 "겨울 여행"을 주제로 최신 트렌드를 반영한 비디오 콘텐츠를 제작합니다. 이 실습에서는 GPT를 활용하여 콘텐츠를 조사하고, Premiere Pro의 다양한 AI 기능을 활용하여 영상을 제작하는 과정을 다룹니다.

1. GPT를 활용한 콘텐츠 기획

- **GPT에 질문**: "2024년 겨울 여행 트렌드"를 조사하여 최신 아이디어를 얻습니다. 예를 들어, "인기 있는 겨울 액티비티" 또는 "특별한 겨울 여행지"와 같은 주제를 선정합니다.

2. 영상 자료 준비

- GPT로 조사한 트렌드를 바탕으로 스키 리조트, 겨울 축제, 온천 등에서 촬영된 클립을 수집합니다.

3. 자동 자막 생성

- 여행지 설명 내레이션을 타임라인에 추가한 후, Premiere Pro의 자동 자막 생성 기능을 사용해 자막을 생성합니다. 예를 들어, "눈 덮인 산의 아름다움"과 같은 내레이션에 맞춰 자막을 자동으로 생성합니다.

4. 오디오 리믹스

- 배경 음악을 선택하고, 오디오 리믹스 기능을 사용해 비디오 길이에 맞게 음악을 조정합니다. 예를 들어, 전체 영상의 분위기에 맞는 클래식 음악을 자연스럽게 리믹스합니다.

5. 덕킹(Ducking)

- 내레이션이 시작될 때 배경 음악의 볼륨이 자동으로 낮아지도록 덕킹 기능을 설정합니다. 이를 통해 내레이션이 명확하게 들리도록 조정합니다.

6. 자동 편집

- 긴 여행 클립에서 주요 장면을 빠르게 추출하기 위해 "Scene Edit Detection" 기능을 사용해 자동으로 편집점을 생성합니다. 예를 들어, 스키 타는 장면이나 축제 하이라이트를 중심으로 편집합니다.

7. 자동 색상 일치

- 다양한 장소에서 촬영된 클립의 색감을 일관되게 맞추기 위해 자동 색상 일치 기능을 사용합니다. 예를 들어, 스키장과 온천 장면 간의 색상 톤을 일관되게 조정합니다.

8. 최종 검토 및 내보내기

- 타임라인을 재생해 전체 비디오를 검토하고, 최종적으로 비디오를 유튜브, 인스타그램 등 다양한 플랫폼에 맞춰 내보내기 설정을 통해 저장합니다.

이 실습 예제는 GPT를 활용한 최신 트렌드 분석과 Premiere Pro의 AI 기능을 결합해, 겨울 여행을 주제로 한 고품질의 콘텐츠를 효율적으로 제작하는 방법을 제공합니다.

GPT와 코딩을 활용한
영상제작 자동화

CHAPTER 21. GPT와 파이썬

CHAPTER 22. 구글 코랩(Google Colab) 사용 방법

CHAPTER 23. AI를 활용한 확장자명 자동 변경

CHAPTER 24. AI를 활용한 자동 편집

CHAPTER 25. AI를 활용한 자동 트리밍

CHAPTER 26. AI를 활용한 자동 자막 생성

PART. 06

CHAPTER 27. AI를 활용한 인물 추적과 자동 편집점 생성

CHAPTER 28. AI를 활용한 썸네일 자동 생성

CHAPTER 29. AI를 활용한 워터마크 자동 추가

CHAPTER 30. Ai를 활용한 이펙트 자동 적용

CHAPTER 31. AI를 활용한 포맷별 자동 출력

CHAPTER 21 GPT와 파이썬

1. GPT (Generative Pre-trained Transformer)

GPT는 OpenAI에서 개발한 자연어 처리 모델로, 인간과 유사한 텍스트를 생성할 수 있는 강력한 AI 도구입니다. GPT는 대화형 응답, 글쓰기, 코드 생성 등 다양한 작업에 활용될 수 있습니다. 특히, 프로그래밍 언어와 관련된 작업에서 매우 유용하며, Python 코드 생성과 같은 작업을 자동화하거나 지원하는 데 탁월한 성능을 발휘합니다.

2. Python

Python은 간결하고 읽기 쉬운 문법을 가진 고급 프로그래밍 언어입니다. 데이터 분석, 웹 개발, 인공지능 등 다양한 분야에서 사용되며, 초보자와 전문가 모두에게 인기가 있습니다. Python의 강력한 라이브러리와 커뮤니티는 개발자들이 복잡한 문제를 쉽게 해결할 수 있도록 도와줍니다.

3. GPT를 활용한 Python 코드 생성 방법

GPT를 사용하여 Python 코드를 생성하는 과정은 간단하면서도 매우 유용합니다. 다음은 GPT를 활용해 Python 코드를 생성하는 방법입니다.

1. 프롬프트 작성

- GPT에게 명확하고 구체적인 요청을 합니다. 예를 들어, "Python 함수를 생성하여 주어진 리스트의 모든 요소를 제곱하는 코드를 작성해줘"와 같은 방식으로 요청합니다.

2. GPT에 명령 전달

- GPT 모델에 프롬프트를 전달하여 Python 코드를 생성하도록 합니다. 이를 위해 OpenAI API나 통합된 코드 편집 도구를 사용할 수 있습니다.

3. 생성된 코드 검토

- GPT가 생성한 코드를 검토하고, 필요에 따라 수정합니다. 생성된 코드는 일반적으로 실행 가능하지만, 특정 프로젝트 요구사항에 맞추어 최적화할 수 있습니다.

4. 코드 테스트

- 생성된 코드를 Python 환경에서 실행하여 원하는 결과를 얻는지 확인합니다. 오류가 발생할 경우, GPT에게 추가 설명을 요청하거나 수동으로 문제를 해결할 수 있습니다.

5. 코드 최적화

- 코드가 정상적으로 작동하면, 성능 최적화를 고려할 수 있습니다. GPT는 이를 위한 조언을 제공할 수도 있습니다.

예시

```python
# GPT에게 요청: "리스트의 모든 요소를 제곱하는 Python 함수 생성"
def square_elements(lst):
    return [x**2 for x in lst]


# 생성된 코드 사용 예시
numbers = [1, 2, 3, 4, 5]
squared_numbers = square_elements(numbers)
print(squared_numbers)
```

4. GPT에서 Python 코드를 생성하기 위한 효과적인 프롬프트 작성 방법

GPT를 사용하여 Python 코드를 생성할 때, 프롬프트의 품질은 생성되는 코드의 정확성과 유용성에 큰 영향을 미칩니다. 다음은 효과적인 프롬프트를 작성하는 방법입니다.

1. 구체적으로 요청하기

- 프롬프트에서 원하는 기능이나 알고리즘을 구체적으로 설명하세요. 예를 들어, "리스트에서 중복된 요소를 제거하는 Python 함수 생성"과 같이 명확한 작업을 지정합니다.

2. 제약 조건 포함

- 필요한 경우 입력값의 범위, 함수의 성능 요구사항, 특정 라이브러리 사용 등 제약 조건을 포함합니다.

> 예: "O(n) 복잡도로 정렬된 리스트에서 중복 요소를 제거하는 함수를 작성해줘."

3. 예제 제공

- 원하는 결과를 명확히 하기 위해 예제 입력과 출력 형태를 제공하면, GPT가 더 정확한 코드를 생성할 수 있습니다.

> 예: "리스트 [1, 2, 2, 3]를 입력받아 [1, 2, 3]을 반환하는 함수를 작성해줘."

4. 명령어의 목적 설명

- 코드가 수행해야 할 목적을 설명하는 것도 효과적입니다.

> 예: "데이터 분석에서 자주 사용하는 CSV 파일을 읽어와서 특정 열의 평균을 계산하는 함수를 작성해줘."

5. 단계별 요청

- 복잡한 코드를 생성할 때는, 단계별로 요청을 나누는 것이 좋습니다. 각 단계에서 필요한 부분을 명확히 설명하면 GPT가 더 정확하게 작업을 수행할 수 있습니다.

예시

> - "정수 리스트에서 짝수만 추출하여 반환하는 Python 함수를 작성해줘."
>
> - "주어진 텍스트 파일에서 특정 단어의 빈도를 계산하는 코드를 생성해줘. 입력으로 파일 경로와 단어를 받도록 해줘."

이러한 방법을 통해 프롬프트를 작성하면, GPT는 더 정확하고 유용한 Python 코드를 생성할 수 있습니다.

5. Python 프로그램 설치 방법

Python은 다양한 플랫폼에서 쉽게 설치할 수 있습니다. 다음은 Python을 설치하는 일반적인 방법입니다.

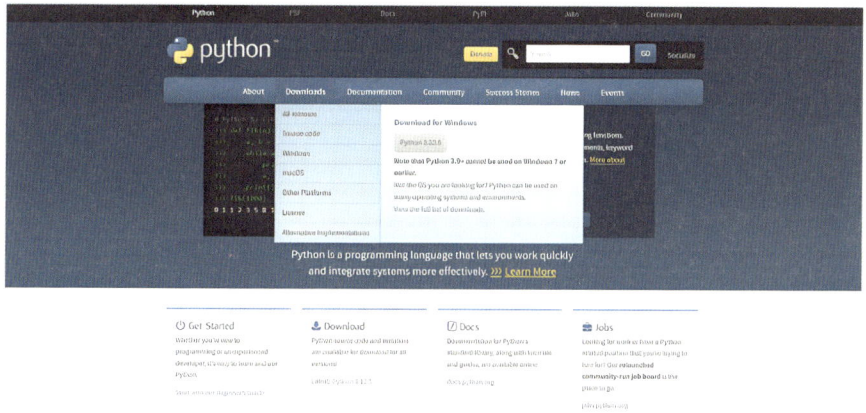

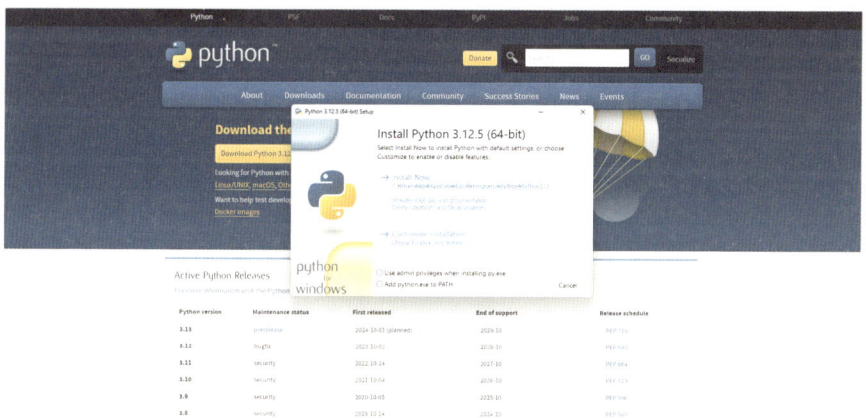

1. Python 설치

① Python 다운로드

- Python 공식 웹사이트([python.org](https://www.python.org/))에 접속하여 "Downloads" 메뉴에서 운영체제에 맞는 최신 버전의 Python 설치 파일을 다운로드 합니다.

② **Python 설치**
- 다운로드한 설치 파일을 실행하고, 설치 과정 중 "Add Python to PATH" 옵션을 체크합니다. 이 옵션을 선택하면, 명령 프롬프트에서 Python 명령어를 사용할 수 있게 됩니다.
- «Install Now» 버튼을 클릭하여 설치를 진행합니다.

③ **설치 확인**
- 설치가 완료되면 명령 프롬프트(Windows) 또는 터미널(Mac, Linux)에서 `python --version` 또는 `python3 --version`을 입력하여 설치가 성공적으로 완료되었는지 확인합니다.

2. 아나콘다(Anaconda) 설치 방법

Anaconda는 Python과 다양한 과학 패키지를 포함한 배포판으로, 데이터 과학, 머신러닝, 데이터 분석 작업에 자주 사용됩니다.

① **Anaconda 다운로드**
- Anaconda 공식 웹사이트([anaconda.com](https://www.anaconda.com/products/distribution))에 접속하여, 운영체제에 맞는 Anaconda 설치 파일을 다운로드합니다.

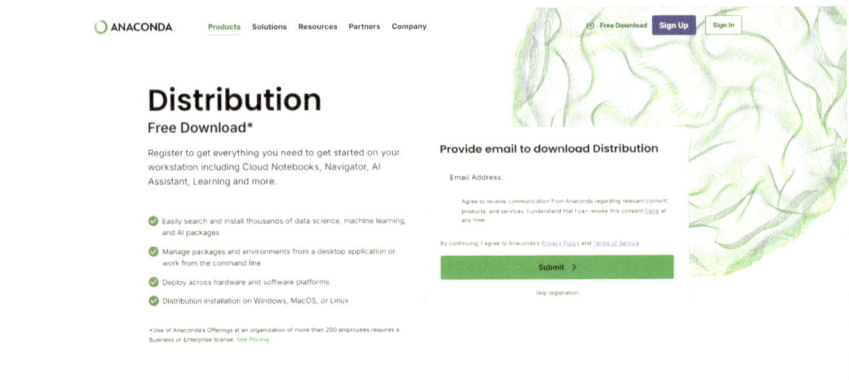

② Anaconda 설치

- 다운로드한 설치 파일을 실행하여 설치 마법사를 시작합니다.
- 설치 중 "Add Anaconda to my PATH environment variable" 옵션은 선택하지 않고, "Register Anaconda as my default Python" 옵션을 선택합니다.
- 설치를 진행합니다.

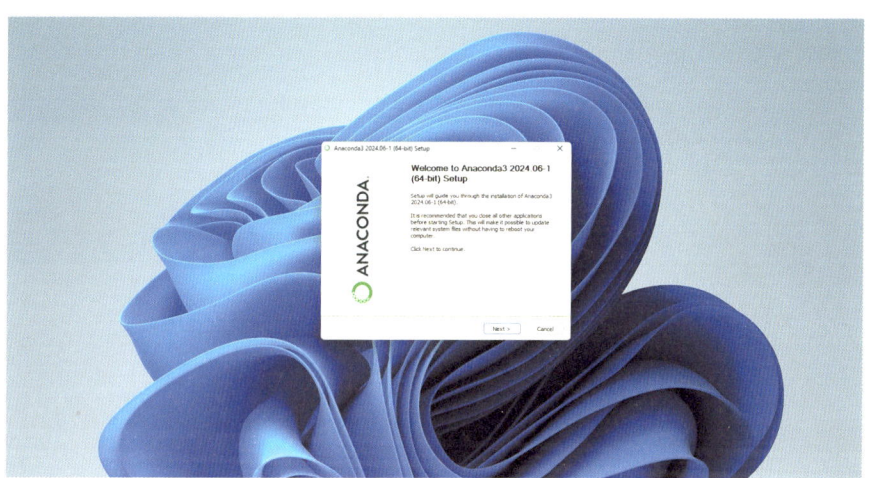

③ Anaconda 설치 확인

- 설치가 완료되면, 명령 프롬프트(Windows) 또는 터미널(Mac, Linux)에서 `conda --version` 명령어를 입력하여 설치가 성공적으로 완료되었는지 확인합니다.

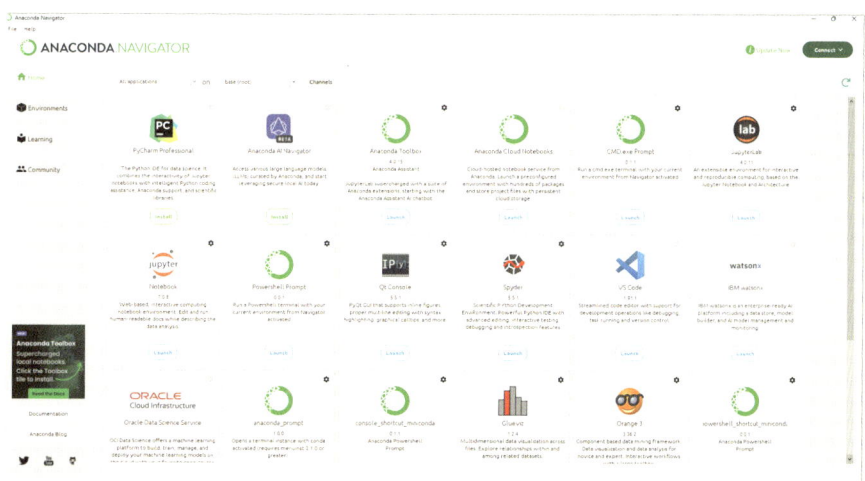

④ **Anaconda Navigator 사용**
 - Anaconda는 "Anaconda Navigator"라는 그래픽 인터페이스를 제공하여, 환경 관리, 패키지 설치, Jupyter Notebook 실행 등을 쉽게 할 수 있습니다.
 - «Anaconda Navigator»를 실행하여 다양한 기능을 탐색하고 활용할 수 있습니다.

이 단계를 통해 Python과 Anaconda를 설치하여 Python 개발 환경을 구축할 수 있습니다. Anaconda를 사용하면 데이터 과학 및 머신러닝 작업에 필요한 도구들을 쉽게 설치하고 관리할 수 있습니다.

구글 코랩(Google Colab) 사용 방법

1. 구글 코랩(Google Colab)이란?

Google Colab(구글 코랩)은 Google이 제공하는 클라우드 기반의 Jupyter Notebook 환경입니다. 이를 통해 사용자는 로컬 환경에 Python이나 필요한 라이브러리를 설치하지 않고도 브라우저에서 바로 Python 코드를 실행할 수 있습니다. 파이썬썬을 설치 후 Google Colab을 활용하면 다양한 업무 자동화를 할 수 있습니다. 특히, Colab은 무료로 GPU 및 TPU를 제공하므로 딥러닝, 데이터 과학, 머신러닝 프로젝트에 매우 유용합니다.

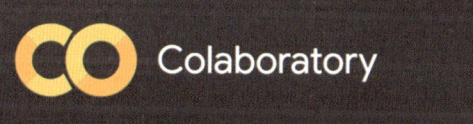

2. 구글 코랩 사용 방법

1. Google Colab 접속

- 웹 브라우저에서 **[Google Colab]**(https://colab.research.google.com/)에 접속합니다.
- Google 계정으로 로그인하면 Google Drive에 저장된 기존 노트북을 열거나, 새 노트북을 생성할 수 있습니다.

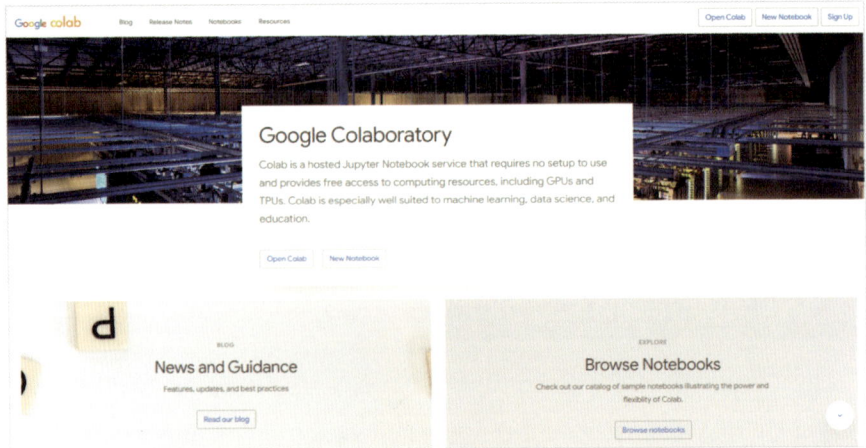

2. 새 노트북 생성

- Google Drive에서 "새로 만들기"를 클릭한 후, "Google Colaboratory"를 선택하여 새 노트북을 생성합니다.
- 생성된 노트북에서 Python 코드를 입력하고 실행할 수 있습니다.

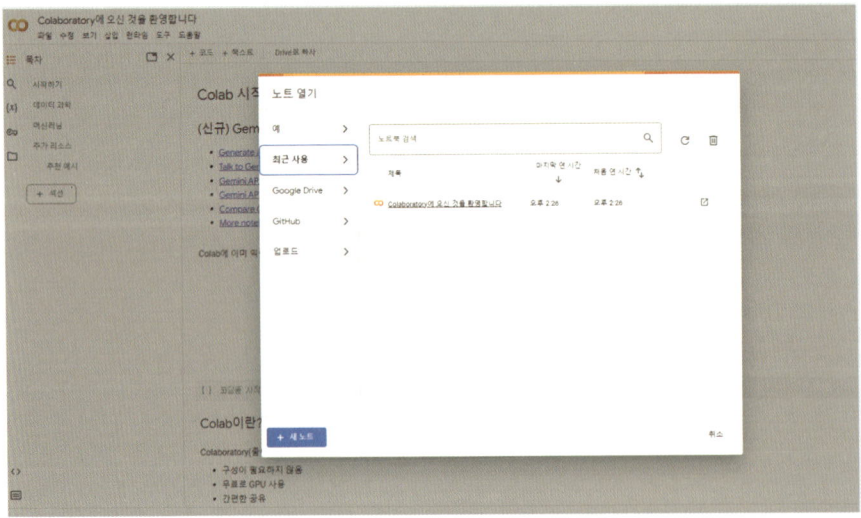

3. 코드 셀 실행

- Colab의 인터페이스는 Jupyter Notebook과 유사합니다. 코드 셀에 Python 코드를 작성하고, 셀 왼쪽의 실행 버튼(▶)을 클릭하여 코드를 실행할 수 있습니다.
- 실행된 결과는 셀 아래에 바로 표시됩니다.

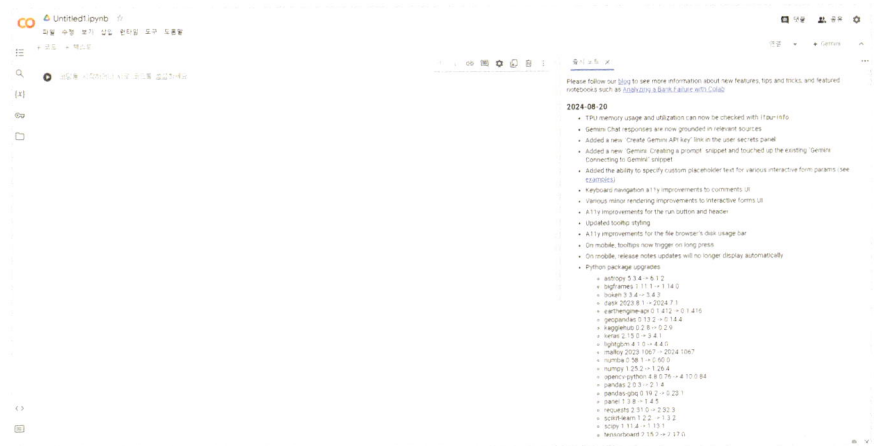

4. 라이브러리 설치 및 사용

- Colab에서는 `!pip install 라이브러리명` 명령어를 사용하여 필요한 Python 패키지를 설치할 수 있습니다. 예를 들어, `!pip install numpy`를 입력하여 NumPy 라이브러리를 설치할 수 있습니다.

5. GPU/TPU 사용

- GPU나 TPU를 사용하여 딥러닝 모델을 훈련할 수 있습니다. "런타임" 〉 "런타임 유형 변경"에서 하드웨어 가속기를 "GPU" 또는 "TPU"로 설정하면 됩니다.
- 이 설정은 머신러닝 모델의 훈련 속도를 크게 향상시킵니다.

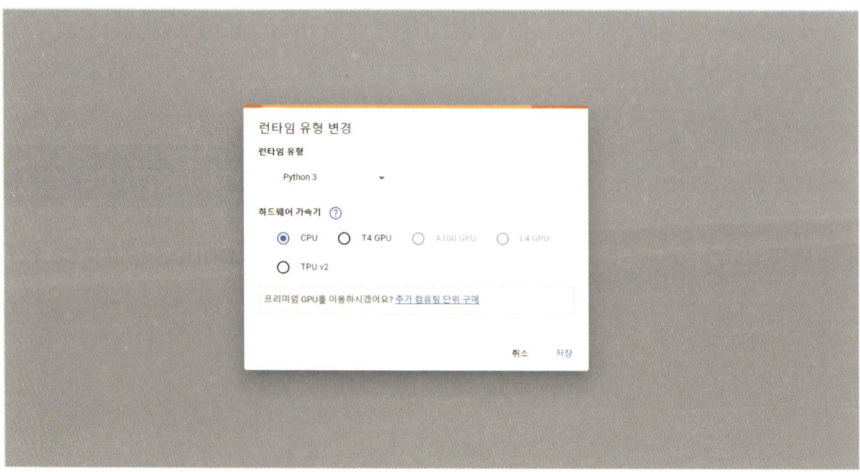

3. 구글 코랩의 주요 기능

1. 파일 관리
- Colab에서는 로컬 파일을 업로드하거나, Google Drive와 연동하여 데이터를 관리할 수 있습니다. 'drive.mount('/content/drive')'를 사용하여 Google Drive를 마운트하고 파일에 접근할 수 있습니다.

2. 시각화
- Colab은 다양한 시각화 라이브러리(예: Matplotlib, Seaborn)를 지원하여 데이터를 시각적으로 표현할 수 있습니다.

3. 협업 기능
- Google Docs와 유사하게, Colab 노트북을 다른 사람과 공유하여 실시간으로 협업할 수 있습니다. "공유" 버튼을 클릭하여 링크를 생성하고, 다른 사용자와 노트북을 함께 편집할 수 있습니다.

4. 구글 코랩의 장점

1. **클라우드 기반:** Colab은 클라우드에서 실행되므로, 로컬 환경 설정 없이 어디서든 작업할 수 있습니다.
2. **무료 GPU/TPU 사용:** 딥러닝 모델 훈련에 필요한 고성능 GPU와 TPU를 무료로 사용할 수 있습니다.
3. **협업 가능:** 실시간 협업이 가능하여 팀 프로젝트에 적합합니다.

Google Colab은 데이터 과학, 머신러닝, 인공지능 등 다양한 Python 기반 프로젝트를 클라우드에서 손쉽게 수행할 수 있는 강력한 도구입니다.

Google Colab과 Gemini를 활용한 코드 생성 방법

1. Gemini 사용하기

- **Gemini**는 Google의 생성형 AI 모델로, 텍스트 생성, 번역, 요약, 코드 생성 등 다양한 작업을 지원합니다.
- **Gemini API**를 통해 Python 코드 생성 및 수정 작업을 수행할 수 있습니다. Colab에서 API 키를 사용해 Gemini 모델에 접근하고, Python 프롬프트를 작성하여 코드 생성을 요청할 수 있습니다.

2. 코드 생성 절차

1. Google Colab에서 설정
- Google Colab에서 Python 환경을 설정하고, 필요한 라이브러리를 설치합니다.

2. Gemini API 설정
- Gemini API 키를 사용해 Colab 환경에 연결합니다. API 호출을 통해 Gemini 모델에 프롬프트를 보내 Python 코드를 생성할 수 있습니다.

3. 프롬프트 작성 및 코드 실행
- 코드 생성을 위한 구체적인 프롬프트를 작성합니다. 예를 들어, "파일 확장명을 .jfif에서 .jpg로 변경하는 Python 코드를 작성해줘."
- Gemini가 생성한 코드를 Colab에서 실행하고 결과를 확인합니다.

> 이 방법을 통해 Google Colab과 Gemini를 결합하여 복잡한 코딩 작업을 자동화하고 효율적으로 처리할 수 있습니다.

CHAPTER 23

AI를 활용한 파일 확장명 변경

이 장에서는 GPT로 생성된 파이썬 코드를 Google Colab에서 `.jfif` 확장명을 `.jpg`로 변경하고 변환된 파일을 다운로드할 수 있도록 압축하는 코드를 제공하겠습니다. 아래 단계는 Colab에서 파일을 업로드하고, 확장자를 변경한 후, 파일을 ZIP 형식으로 압축하여 다운로드할 수 있도록 합니다.

1. GPT를 활용하여 코드 생성하기

GPT에게 다음 프롬프트를 입력합니다.

> "Python 코드를 생성해줘. 폴더 내에 있는 모든 .jfif 파일을 .jpg 파일로 확장명을 변경하고, Google Colab에 업로드한 파일을 다운로드할 수 있게 해줘."

1. Google Colab에서 `.jfif`를 `.jpg`로 변환하고 ZIP으로 다운로드하는 코드

① Google Colab에서 JFIF 파일을 업로드

Colab에서 파일을 업로드하기 위해 아래 코드를 실행하세요. 업로드한 파일은 Colab의 임시 파일 시스템에 저장됩니다.

위 코드를 실행하면 파일 업로드 창이 나타납니다. 여기에 `sample.jfif` 파일을 업로드하세요.

② JFIF 파일을 JPG로 변환

파일을 업로드한 후, JFIF 파일을 JPG로 변환하는 코드를 작성합니다.

python

from PIL import Image
import os

# JFIF 파일명 설정
jfif_filename = 'sample.jfif'
jpg_filename = 'sample.jpg'

# JFIF 파일을 JPG로 변환
image = Image.open(jfif_filename)
image.save(jpg_filename, 'JPEG')

print(f"{jfif_filename} has been converted to {jpg_filename}")

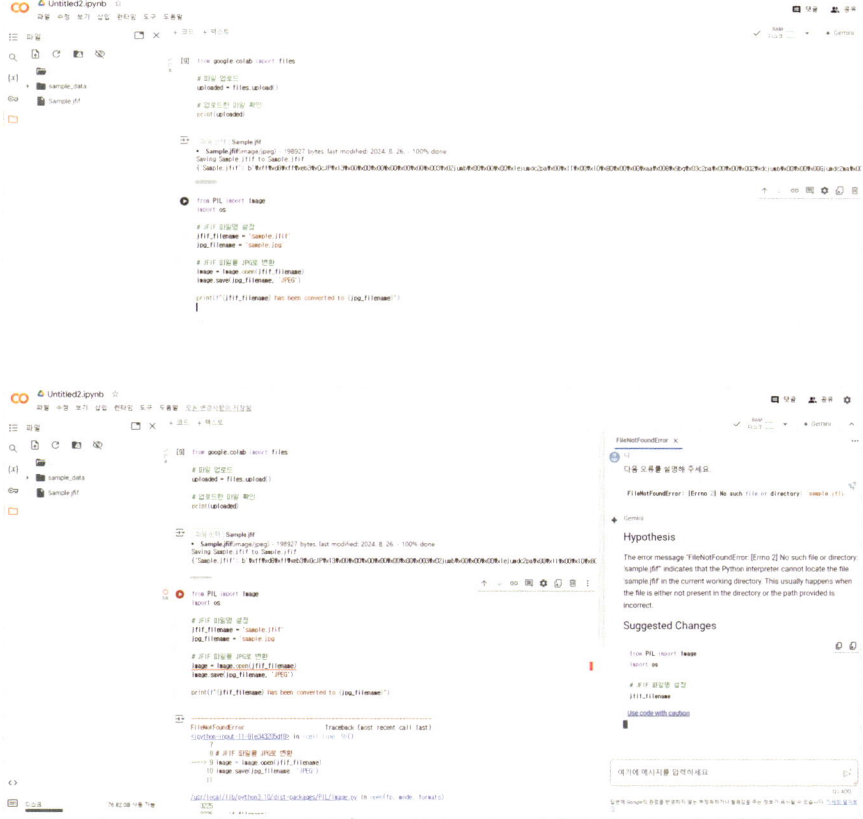

Gpt의 코드 실행 결과 제대로 오류되는 경우가 있습니다. 그럴 경우, 구글 Gemini가 오류 수정된 다른 코드를 제안합니다. 파일명의 대소문자를 구분 못해서 실행되지 않아서, 파일명 설정부분의 코드를 대문자로 수정해서 진행하면 코딩됩니다.

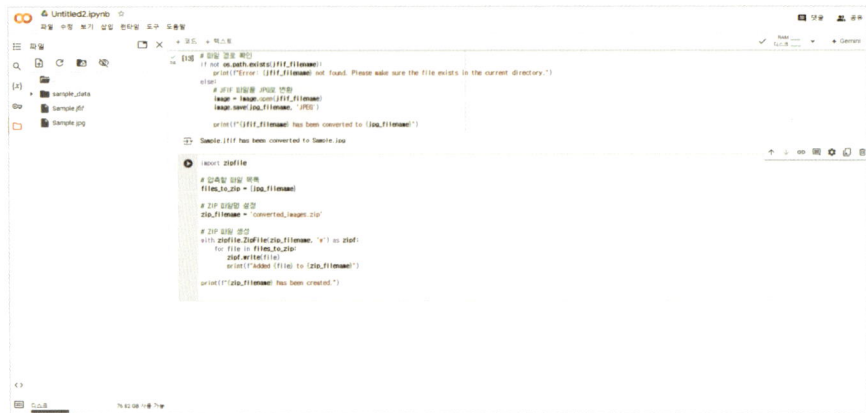

③ 변환된 파일을 ZIP으로 압축

변환된 JPG 파일을 ZIP 파일로 압축합니다.

```python
import zipfile

# 압축할 파일 목록
files_to_zip = [jpg_filename]

# ZIP 파일명 설정
zip_filename = 'converted_images.zip'

# ZIP 파일 생성
with zipfile.ZipFile(zip_filename, 'w') as zipf:
    for file in files_to_zip:
        zipf.write(file)
        print(f"Added {file} to {zip_filename}")

print(f"{zip_filename} has been created.")
```

④ ZIP 파일을 다운로드

생성된 ZIP 파일을 다운로드할 수 있도록 합니다.

python

파일 다운로드

files.download(zip_filename)```

원활하게 진행되는 노트는 구글드라이브에 저장한다.

2. 전체 코드 실행 순서

아래 순서대로 코드를 실행하세요.

① **파일 업로드 코드:** 파일을 Colab에 업로드합니다.
② **변환 코드:** JFIF 파일을 JPG로 변환합니다.
③ **압축 코드:** 변환된 JPG 파일을 ZIP으로 압축합니다.
④ **다운로드 코드:** ZIP 파일을 로컬 컴퓨터로 다운로드합니다.

위의 단계대로 코드를 실행하면, `sample.jfif` 파일을 `sample.jpg`로 변환한 후, `converted_images.zip` 파일로 압축하여 다운로드할 수 있습니다.

2. Colab을 사용해 Python 코드를 EXE 파일로 변환하기

Google Colab은 주로 Python 코드 실행 및 데이터 분석에 사용되는 플랫폼으로, Windows 실행 파일('.exe')을 직접적으로 생성하거나 실행할 수 있는 환경은 아닙니다. 그러나 Python 코드를 Windows 실행 파일로 변환하고 이를 사용자가 다운로드할 수 있도록 제공하는 방법을 설명할 수 있습니다. 이 과정은 일반적으로 로컬 환경(Windows)에서 수행되지만, Colab을 통해 일부 작업을 자동화할 수 있습니다.

1. Colab을 사용해 Python 코드를 EXE 파일로 변환하기

Google Colab에서 Python 코드를 실행 파일로 변환하는 과정은 다음과 같습니다:

① Python 코드를 EXE 파일로 변환하는 패키지 설치

보통 `PyInstaller`라는 패키지를 사용하여 Python 스크립트를 실행 파일로 변환합니다. Colab에서 PyInstaller를 사용할 수는 있지만, 최종 EXE 파일은 Windows에서 실행해야 합니다. Colab에서는 중간 결과물로 사용할 수 있는 zip 파일을 생성하여, 로컬 환경으로 가져온 후 EXE로 변환하는 방법을 설명하겠습니다.

② Colab에서 Python 코드를 zip 파일로 다운로드

Python 코드를 zip 파일로 압축하여 사용자에게 제공하고, 이 zip 파일을 로컬 환경에서 EXE 파일로 변환합니다.

2. 단계별 코드

① Python 코드를 작성하고 압축하여 zip 파일로 제공

아래 코드에서는 파일 변환 작업을 수행하는 Python 스크립트를 작성하고, 이를 zip 파일로 제공하는 방법을 보여줍니다.

```python
# 1. Python 코드를 작성합니다.
# 변환 스크립트를 'convert_jfif_to_jpg.py'로 저장합니다.
code = """
from PIL import Image
import sys
import os

def convert_jfif_to_jpg(input_file, output_file):
    image = Image.open(input_file)
    image.save(output_file, 'JPEG')
    print(f"{input_file} has been converted to {output_file}")

if __name__ == "__main__":
    if len(sys.argv) != 3:
        print("Usage: python convert_jfif_to_jpg.py <input_file> <output_file>")
        sys.exit(1)

    input_file = sys.argv[1]
    output_file = sys.argv[2]

    convert_jfif_to_jpg(input_file, output_file)
"""

# 스크립트를 파일로 저장
with open('convert_jfif_to_jpg.py', 'w') as f:
    f.write(code)

print("Python script has been saved as 'convert_jfif_to_jpg.py'.")

# 2. Python 파일을 ZIP으로 압축합니다.
import zipfile

zip_filename = 'convert_script.zip'

with zipfile.ZipFile(zip_filename, 'w') as zipf:
    zipf.write('convert_jfif_to_jpg.py')
```

print(f"Added 'convert_jfif_to_jpg.py' to {zip_filename}")

print(f"{zip_filename} has been created.")

3. ZIP 파일을 다운로드할 수 있도록 제공합니다.

from google.colab import files

files.download(zip_filename)

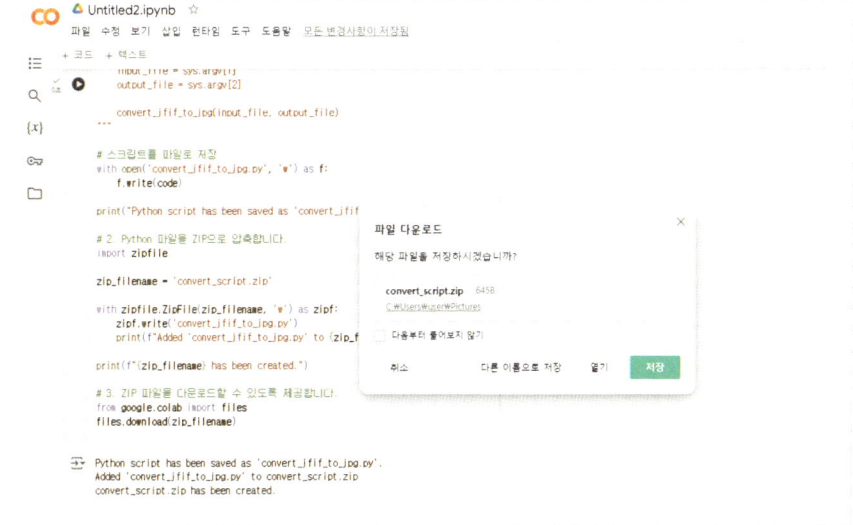

② 로컬 환경에서 EXE 파일 생성

위 코드 실행 후, 생성된 `convert_script.zip` 파일을 다운로드한 다음, 로컬 Windows 환경에서 Python 코드를 EXE 파일로 변환합니다. 이 과정은 Windows에서 수행해야 합니다.

(1) PyInstaller 설치

로컬 Windows 환경에서 명령 프롬프트를 열고 PyInstaller를 설치합니다.

```bash
pip install pyinstaller
```

(2) ZIP 파일의 내용 추출

Colab에서 다운로드한 `convert_script.zip` 파일을 추출하여 `convert_jfif_to_jpg.py` 파일을 준비합니다.

(3) PyInstaller를 사용하여 EXE 파일 생성

명령 프롬프트에서 아래 명령을 실행하여 `convert_jfif_to_jpg.py`를 EXE 파일로 변환합니다.

```bash
pyinstaller --onefile convert_jfif_to_jpg.py
```

`--onefile` 옵션은 모든 종속성을 하나의 EXE 파일로 묶어줍니다.

(4) 변환된 EXE 파일 찾기

위 명령을 실행하면 `dist` 폴더 내에 `convert_jfif_to_jpg.exe` 파일이 생성됩니다. 이 파일을 사용하여 JFIF 파일을 JPG로 변환할 수 있습니다.

3. 결론

이 방법은 Google Colab을 사용하여 Python 코드를 준비하고, 이를 ZIP 파일로 제공하는 과정입니다. 다운로드한 ZIP 파일을 로컬 Windows 환경에서 PyInstaller를 사용해 EXE 파일로 변환하는 것입니다. 직접 Colab에서 EXE 파일을 생성할 수는 없지만, Colab을 통해 Python 코드를 준비하고, 이후 로컬에서 EXE 파일을 생성하는 데 도움을 줄 수 있습니다.

CHAPTER 24 AI를 활용한 자동 편집

1. 전체 코드: 비디오 파일 업로드, 자르기, 다운로드

1. 비디오 파일 업로드:

먼저, 비디오 파일을 Google Colab에 업로드할 수 있는 코드를 작성합니다.

2. 비디오 파일 자르기:

업로드된 파일을 특정 구간으로 자르는 코드를 작성합니다.

3. 결과 파일 다운로드:

자른 비디오 파일을 로컬 컴퓨터로 다운로드하는 코드를 작성합니다.

```bash
from moviepy.editor import VideoFileClip
from google.colab import files

# Step 1: 비디오 파일 업로드
print("비디오 파일을 업로드하세요.")
uploaded = files.upload() # 파일 선택 창이 열리면 sample-a.mp4와 sample-b.mp4를 업로드
```

Step 2: 비디오 파일 자르기 함수 정의

def cut_video(input_path, output_path, start_time, end_time):

"""

비디오 파일을 특정 구간으로 자르는 함수.

:param input_path: 입력 비디오 파일 경로

:param output_path: 출력 비디오 파일 경로

:param start_time: 자르기 시작할 시간 (초 단위)

:param end_time: 자르기 종료할 시간 (초 단위)

"""

video = VideoFileClip(input_path)

cut_video = video.subclip(start_time, end_time)

cut_video.write_videofile(output_path, codec="libx264", audio_codec="aac")

print(f"{input_path}에서 {start_time}초부터 {end_time}초까지 자른 비디오를 {output_path}에 저장했습니다.")

Step 3: 자를 구간 설정 (예: 2초부터 5초까지)

start_time = 2

end_time = 5

Step 4: 각 비디오 파일 자르고 다운로드

video_files = ['sample-a.mp4', 'sample-b.mp4']

for video_file in video_files:

 input_path = f'/content/{video_file}'

 output_path = f'/content/{video_file.split(".")[0]}_cut.mp4'

 cut_video(input_path, output_path, start_time, end_time)

자른 비디오 다운로드

files.download(output_path)

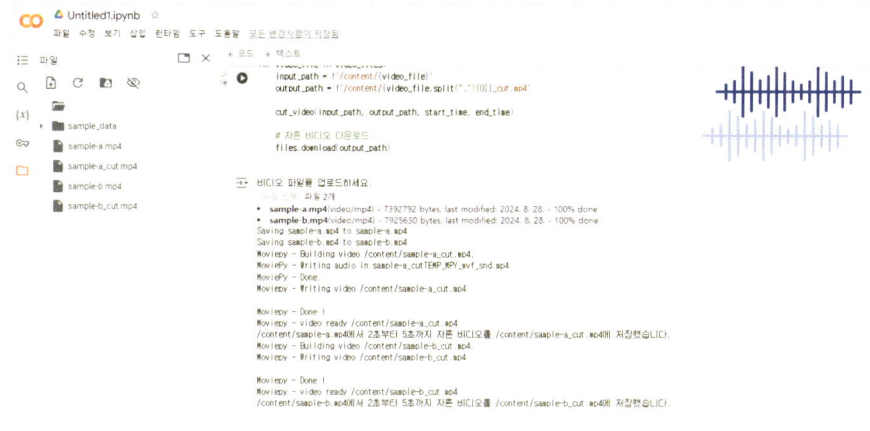

2. 코드 설명

1. 파일 업로드

- `files.upload()`를 사용하여 사용자가 `sample-a.mp4`와 `sample-b.mp4` 파일을 Colab 환경에 업로드할 수 있습니다. 이 함수는 파일 업로드 인터페이스를 제공하며, 사용자가 파일을 선택하고 업로드할 때까지 기다립니다.

2. 비디오 파일 자르기 함수 정의

- `cut_video()` 함수는 입력 비디오 파일을 특정 구간으로 자르고, 자른 비디오를 지정된 경로에 저장합니다.
- `VideoFileClip(input_path)`: 입력 비디오 파일을 읽습니다.
- `video.subclip(start_time, end_time)`: 지정된 시작 시간과 종료 시간 사이의 구간을 자릅니다.
- `write_videofile(output_path)`: 자른 비디오를 새로운 파일로 저장합니다.

3. 자르기 및 다운로드

- `video_files` 리스트에 자를 비디오 파일 이름을 나열합니다.
- 각 비디오 파일에 대해 `cut_video()` 함수를 호출하여 자르고, `files.download(output_path)`를 사용하여 결과 파일을 다운로드합니다.

이 코드를 통해 여러 비디오 파일을 특정 구간으로 자르고, 쉽게 다운로드할 수 있습니다. 필요에 따라 시작 시간과 종료 시간을 변경하여 다른 구간을 자를 수도 있습니다.

CHAPTER 25. AI를 활용한 자동 트리밍

영상의 길이를 30초로 제한하여 자동으로 조절하는 코드를 작성할 수 있습니다. 이 코드는 MoviePy 라이브러리를 사용하여 입력된 동영상의 길이를 조절합니다. 만약 원본 영상이 30초보다 길다면 처음 30초까지만 자르고, 30초보다 짧다면 마지막 프레임을 반복해서 30초 길이로 맞추는 방식입니다.

아래 코드는 Google Colab 환경에서 `sample-videoplayback.mp4` 파일을 30초로 자동 조절하는 방식으로 작성되었습니다.

1. 영상 길이를 30초로 제한하는 코드

1. 필요한 라이브러리 설치

`moviepy` 라이브러리를 설치합니다. 이 라이브러리는 이미 설치되어 있을 수 있지만, 설치되어 있지 않은 경우를 대비하여 다시 설치할 수 있습니다.

python

```
!pip install moviepy
```

2. 영상 길이 조절 함수

아래 코드는 입력된 동영상의 길이를 30초로 조절하는 함수입니다.

```python
from moviepy.editor import VideoFileClip, concatenate_videoclips

def adjust_video_to_30_seconds(video_path, output_path, target_duration=30):
    # 동영상 파일 읽기
    video = VideoFileClip(video_path)
    original_duration = video.duration

    if original_duration > target_duration:
        # 원본 영상이 30초보다 길다면 30초로 자르기
        video = video.subclip(0, target_duration)
    elif original_duration < target_duration:
        # 원본 영상이 30초보다 짧다면 반복하여 30초로 늘리기
        loops = int(target_duration // original_duration)
        remainder = target_duration % original_duration

        clips = [video] * loops # 반복할 클립 리스트
        if remainder > 0:
            clips.append(video.subclip(0, remainder)) # 남은 시간만큼 추가 클립 생성
        video = concatenate_videoclips(clips)

    # 결과 비디오 저장
    video.write_videofile(output_path, codec="libx264", audio_codec="aac")
```

python

사용 예시

input_video_path = '/content/sample-videoplayback.mp4' # 입력 동영상 파일 경로

output_video_path = '/content/sample-videoplayback_30s.mp4' # 출력 동영상 파일 경로

adjust_video_to_30_seconds(input_video_path, output_video_path)

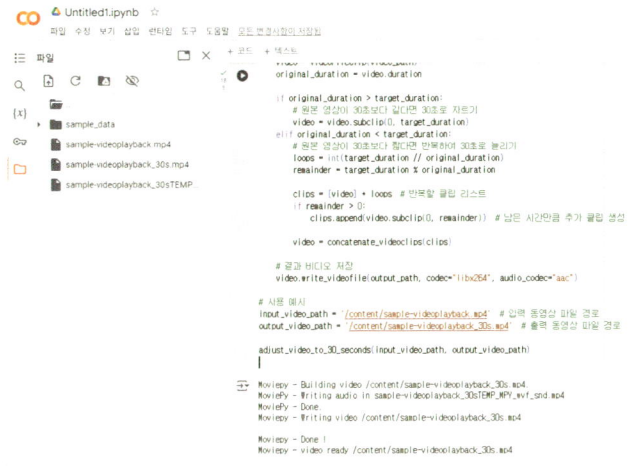

3. 코드 설명

- `adjust_video_to_30_seconds()` 함수는 주어진 동영상 파일의 길이를 30초로 조절합니다.
- `original_duration = video.duration`: 원본 동영상의 길이를 초 단위로 가져옵니다.
- `video.subclip(0, target_duration)`: 원본 영상이 30초보다 길다면 처음부터 30초까지 잘라냅니다.
- `concatenate_videoclips(clips)`: 원본 영상이 30초보다 짧다면 해당 영상을 반복하여 30초로 늘립니다. 남은 시간은 원본 영상의 처음 부분을 사용하여 채웁니다.
- `video.write_videofile(output_path, codec="libx264", audio_odec="aac")`: 조정된 길이의 영상을 파일로 저장합니다.

4. 결과 확인 및 다운로드

아래 명령을 사용하여 생성된 30초 길이의 동영상 파일을 다운로드할 수 있습니다.

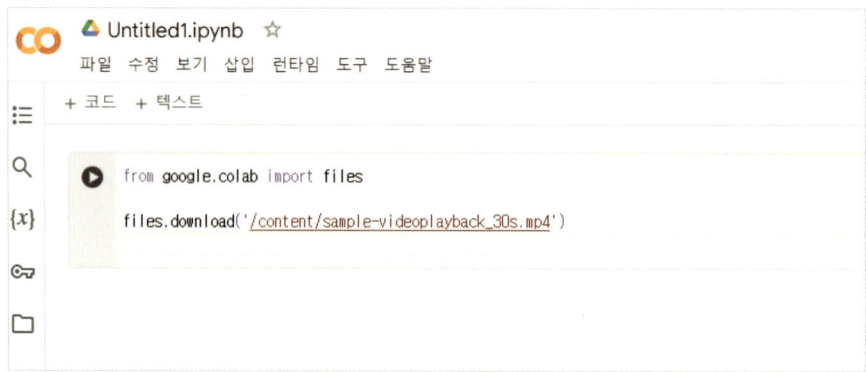

이 코드를 Colab에 실행하면 지정된 동영상 파일의 길이를 자동으로 30초로 맞추고, 결과 파일을 다운로드할 수 있습니다.

AI를 활용한 자동 생성

Google Colab에서 OpenAI의 Whisper를 활용해 영상을 분석하고 자동 자막을 생성하는 코드를 작성하는 과정은 비교적 간단하며, Whisper 모델 설치부터 자막 파일 생성까지 단계별로 진행됩니다. 아래에 Whisper를 사용하여 영상을 분석하고 자동으로 자막을 생성하는 Python 코드를 제공합니다.

1. Google Colab에서 Whisper를 사용하여 자동 자막 생성하는 코드

1. Google Colab 환경 설정 및 Whisper 설치:

Whisper 모델을 설치하고 필요한 라이브러리를 설치합니다.

2. Google 드라이브 마운트:

비디오 파일을 Google 드라이브에 업로드하고 Colab에서 드라이브를 마운트합니다.

3. 비디오 파일 처리 및 자막 생성:

Whisper 모델을 사용하여 비디오 파일을 텍스트로 변환하고, 자막 파일(SRT)을 생성합니다.

2. 코드 예제

코드를 적용하기 전에 빠른 진행을 위해서 설정을 런타임을 변경합니다.

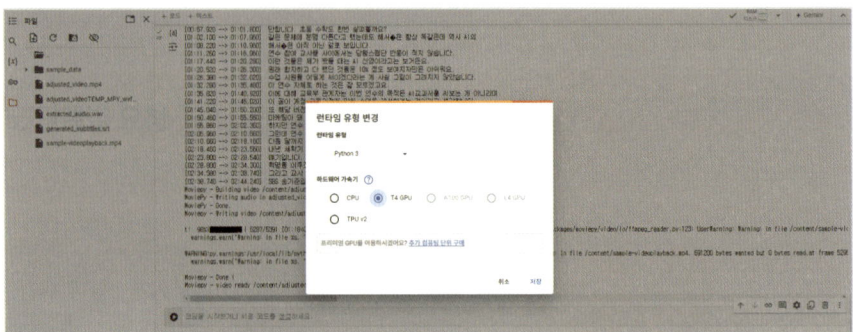

아래 코드를 Colab 노트북에 복사하여 실행하세요.

```
# Step 1: Whisper와 필요한 라이브러리 설치
!pip install git+https://github.com/openai/whisper.git
!pip install moviepy
```

python

# Step 2: Google 드라이브 마운트
from google.colab import drive
drive.mount('/content/drive')

python

# Step 3: 비디오 파일 경로 설정
# Google 드라이브에 업로드한 비디오 파일의 경로를 설정합니다.
video_file_path = '/content/drive/My Drive/video_file.mp4' # 자신의 비디오 파일 경로로 변경

python

# Step 4: 비디오에서 오디오 추출
from moviepy.editor import VideoFileClip

video = VideoFileClip(video_file_path)
audio_file_path = '/content/drive/My Drive/audio_file.wav'
video.audio.write_audiofile(audio_file_path)

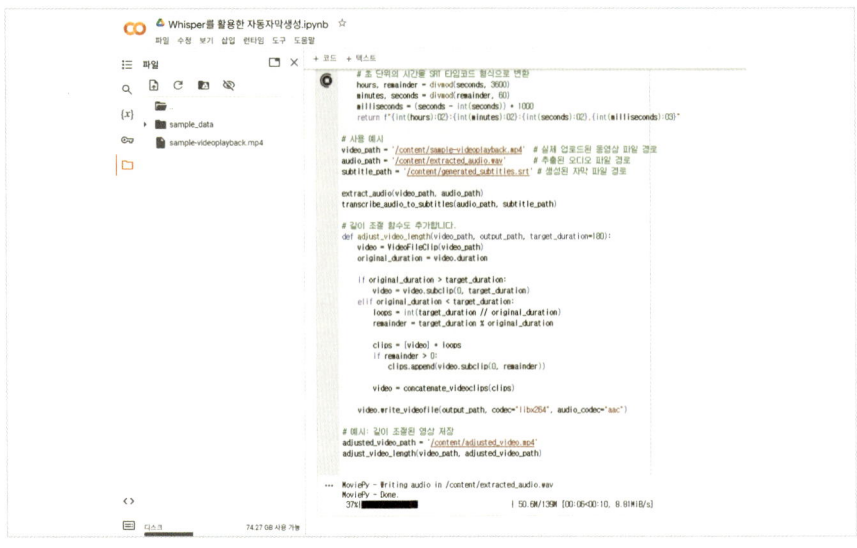

python

# Step 5: Whisper로 오디오 파일을 텍스트로 변환
import whisper

# Whisper 모델 로드 (large model 사용)
model = whisper.load_model("large")

# 오디오 파일을 Whisper로 분석
result = model.transcribe(audio_file_path, fp16=False)

python

Step 6: 변환된 텍스트 확인

print(result['text'])

python

Step 7: 자막 파일(SRT) 생성

def write_srt(transcript, srt_file_path):
　from datetime import timedelta

　with open(srt_file_path, 'w') as srt_file:
　　for i, segment in enumerate(transcript['segments']):
　　　start = str(timedelta(seconds=int(segment['start'])))
　　　end = str(timedelta(seconds=int(segment['end'])))
　　　text = segment['text'].strip()

　　　srt_file.write(f"{i + 1} ")
　　　srt_file.write(f"{start} --> {end} ")
　　　srt_file.write(f"{text} ")

# SRT 파일 경로 설정
srt_file_path = '/content/drive/My Drive/output_subtitles.srt'
write_srt(result, srt_file_path)

# SRT 파일이 Google 드라이브에 저장되었습니다.
print(f"SRT 자막 파일이 생성되었습니다: {srt_file_path}")

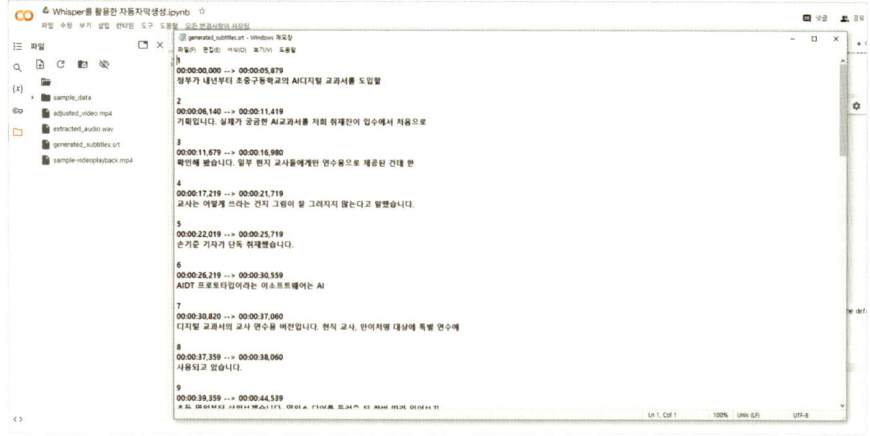

2. 코드 설명

1. 라이브러리 설치: 'whisper'와 'moviepy'를 설치하여 Whisper 모델을 사용하고 비디오에서 오디오를 추출할 수 있습니다.

2. Google 드라이브 마운트: Google 드라이브에 있는 비디오 파일에 접근할 수 있도록 드라이브를 마운트합니다.

3. 비디오 파일 경로 설정: 비디오 파일의 경로를 지정하고, 'moviepy'를 사용하여 오디오 파일로 추출합니다.

4. Whisper 모델 로드 및 전사: Whisper 모델을 로드한 후, 오디오 파일을 텍스트로 전사합니다. 여기서 'large' 모델을 사용하여 높은 정확도로 전사합니다.

5. 텍스트 출력 및 SRT 파일 생성: 전사된 텍스트를 출력하고, SRT 형식의 자막 파일을 생성하여 Google 드라이브에 저장합니다.

이 코드를 실행하면 지정한 비디오 파일에서 오디오를 추출하고 Whisper를 사용하여 자동으로 자막을 생성합니다. 생성된 SRT 파일은 프리미어에서 바로 사용할 수 있습니다.

프리미어에서 SRT를 임포트해서 자막파일이 제대로 진행되는지 확인합니다.

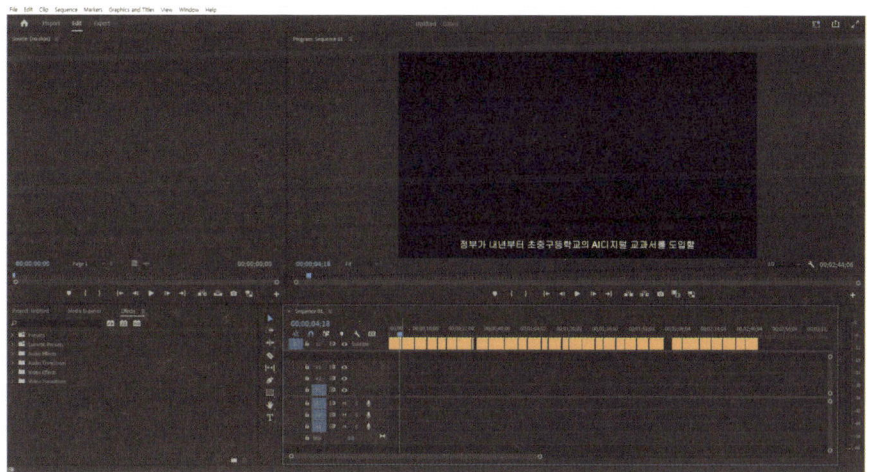

CHAPTER 27
AI를 활용한 인물 추적과 자동 편집점 생성

특정 인물의 얼굴을 추적하여 해당 인물이 등장하는 시간대를 SRT 형식으로 출력하는 Python 코드를 작성할 수 있습니다. 이를 위해 OpenCV와 `moviepy` 라이브러리를 활용할 수 있습니다. 이 코드는 Google Colab에서 실행되며, 특정 인물의 얼굴을 식별하고, 해당 인물이 등장하는 시간을 자막 파일(SRT)로 출력하는 기능을 수행합니다.

1. 필요한 라이브러리 설치

먼저, 필요한 라이브러리를 설치합니다. Google Colab이나 로컬 환경에서 다음 명령어를 실행하세요.

```bash
!pip install opencv-python moviepy
```

2. 얼굴 인식을 위한 사전 훈련된 모델 다운로드

OpenCV에서 제공하는 얼굴 인식 모델을 사용하기 위해, 사전에 훈련된 Haar Cascade 모델을 다운로드합니다. 이 모델은 얼굴을 감지하는 데 사용됩니다.

추적할 얼굴 이미지

```python
import cv2

# Haar Cascade XML 파일 다운로드
haar_cascade_url = "https://github.com/opencv/opencv/raw/master/data/haarcascades/haarcascade_frontalface_default.xml"
haar_cascade_filepath = cv2.utils.getTempFilePath("haarcascade_frontalface_default.xml")
cv2.utils.downloadFile(haar_cascade_url, haar_cascade_filepath)
```

3. 특정 인물을 추적하고 SRT 파일을 생성하는 코드

아래 코드는 특정 인물의 얼굴을 추적하여, 인물이 등장하는 시간대를 SRT 형식으로 출력하는 전체 코드입니다.

```python
import cv2
import numpy as np
from moviepy.editor import VideoFileClip
from google.colab import files
import os

# Haar Cascade 모델 로드
face_cascade = cv2.CascadeClassifier(haar_cascade_filepath)

# 얼굴 특징 추출을 위한 함수 정의
def extract_face_features(image_path):
    """특정 인물의 얼굴 특징을 추출"""
    img = cv2.imread(image_path)
    gray = cv2.cvtColor(img, cv2.COLOR_BGR2GRAY)
    faces = face_cascade.detectMultiScale(gray, scaleFactor=1.1, minNeighbors=5)
    features = []
    for (x, y, w, h) in faces:
        roi = gray[y:y+h, x:x+w]
        features.append(roi)
    return features

# 얼굴 매칭을 위한 함수 정의
def is_matching_face(known_features, face_roi):
    """이미지에서 추출한 얼굴과 일치 여부 판단"""
    orb = cv2.ORB_create()
    kp1, des1 = orb.detectAndCompute(known_features, None)
    kp2, des2 = orb.detectAndCompute(face_roi, None)

    bf = cv2.BFMatcher(cv2.NORM_HAMMING, crossCheck=True)
```

```python
    matches = bf.match(des1, des2)
    if len(matches) > 10:  # 일치하는 키포인트 수 기준 설정
        return True
    return False

# 비디오에서 특정 인물의 얼굴을 추적하고 SRT 파일을 생성하는 함수
def track_person_in_video(video_path, target_image_path, output_srt_path):
    known_features = extract_face_features(target_image_path)[0]  # 대상 인물의 특징
    video = VideoFileClip(video_path)
    cap = cv2.VideoCapture(video_path)
    frame_rate = cap.get(cv2.CAP_PROP_FPS)
    frame_count = 0
    appearances = []
    srt_index = 1

    while cap.isOpened():
        ret, frame = cap.read()
        if not ret:
            break

        gray = cv2.cvtColor(frame, cv2.COLOR_BGR2GRAY)
        faces = face_cascade.detectMultiScale(gray, scaleFactor=1.1, minNeighbors=5)

        for (x, y, w, h) in faces:
            face_roi = gray[y:y+h, x:x+w]
            if is_matching_face(known_features, face_roi):
                timecode = frame_count / frame_rate
                appearances.append(timecode)

        frame_count += 1

    cap.release()

    with open(output_srt_path, "w") as srt_file:
        for i in range(len(appearances)):

            start_time = appearances[i]
            end_time = start_time + 1  # 1초 동안 표시, 필요시 변경 가능
```

```
            srt_file.write(f"{srt_index} ")
            srt_file.write(f"{format_time(start_time)} --> {format_time(end_time)} ")
            srt_file.write(f"Person detected "
            srt_index += 1

# 시간 형식을 SRT 포맷으로 변환하는 함수
def format_time(seconds):
    hours, remainder = divmod(seconds, 3600)
    minutes, seconds = divmod(remainder, 60)
    milliseconds = (seconds - int(seconds)) * 1000
    return f"{int(hours):02}:{int(minutes):02}:{int(seconds):02},{int(milliseconds):03}"

# 파일 업로드 및 다운로드 코드
print("비디오 파일을 업로드하세요.")
uploaded_video = files.upload() # 비디오 파일 업로드

print("특정 인물의 얼굴 이미지를 업로드하세요.")
uploaded_image = files.upload() # 특정 인물의 얼굴 이미지 업로드

video_filename = list(uploaded_video.keys())[0]
image_filename = list(uploaded_image.keys())[0]

output_srt_path = "/content/output.srt"

# 인물 추적 및 SRT 파일 생성
track_person_in_video(f"/content/{video_filename}", f"/content/{image_filename}", output_srt_path)

# 결과 SRT 파일 다운로드
files.download(output_srt_path)
```

```python
cap.release()

# SRT 파일 생성
with open(output_srt_path, "w") as srt_file:
    last_time = None
    for i, start_time in enumerate(appearances):
        if last_time and (start_time - last_time < 2):  # 2초 이내의 시간은 하나의 섹션으로 묶음
            continue
        last_time = start_time
        end_time = start_time + 1  # 1초 동안 표시, 필요시 변경 가능
        srt_file.write(f"{srt_index}\n")
        srt_file.write(f"{format_time(start_time)} --> {format_time(end_time)}\n")
        srt_file.write(f"Person detected\n\n")
        srt_index += 1

# 시간 형식을 SRT 포맷으로 변환하는 함수
def format_time(seconds):
    td = timedelta(seconds=seconds)
    total_seconds = int(td.total_seconds())
    hours, remainder = divmod(total_seconds, 3600)
    minutes, seconds = divmod(remainder, 60)
    milliseconds = int((td.total_seconds() - total_seconds) * 1000)
    return f"{hours:02}:{minutes:02}:{seconds:02},{milliseconds:03}"

# 파일 업로드 및 다운로드 코드
print("비디오 파일을 업로드하세요.")
uploaded_video = files.upload()  # 비디오 파일 업로드

print("특정 인물의 얼굴 이미지를 업로드하세요.")
uploaded_image = files.upload()  # 특정 인물의 얼굴 이미지 업로드

video_filename = list(uploaded_video.keys())[0]
image_filename = list(uploaded_image.keys())[0]

output_srt_path = "/content/output.srt"

# 인물 추적 및 SRT 파일 생성
track_person_in_video(f"/content/{video_filename}", f"/content/{image_filename}", output_srt_path)

# 결과 SRT 파일 다운로드
files.download(output_srt_path)
```

```
            srt_file.write(f"Person detected\n\n")
            srt_index += 1

# 시간 형식을 SRT 포맷으로 변환하는 함수
def format_time(seconds):
    td = timedelta(seconds=seconds)
    total_seconds = int(td.total_seconds())
    hours, remainder = divmod(total_seconds, 3600)
    minutes, seconds = divmod(remainder, 60)
    milliseconds = int((td.total_seconds() - total_seconds) * 1000)
    return f"{hours:02}:{minutes:02}:{seconds:02},{milliseconds:03}"

# 파일 업로드 및 다운로드 코드
print("비디오 파일을 업로드하세요.")
uploaded_video = files.upload()  # 비디오 파일 업로드

print("특정 인물의 얼굴 이미지를 업로드하세요.")
uploaded_image = files.upload()  # 특정 인물의 얼굴 이미지 업로드

video_filename = list(uploaded_video.keys())[0]
image_filename = list(uploaded_image.keys())[0]

output_srt_path = "/content/output.srt"

# 인물 추적 및 SRT 파일 생성
track_person_in_video(f"/content/{video_filename}", f"/content/{image_filename}", output_srt_path)

# 결과 SRT 파일 다운로드
files.download(output_srt_path)
```

비디오 파일을 업로드하세요.
파일 선택 sample.mp4
- **sample.mp4**(video/mp4) - 5746612 bytes, last modified: 2024. 8. 29. - 100% done
Saving sample.mp4 to sample (1).mp4
특정 인물의 얼굴 이미지를 업로드하세요.
파일 선택 sample.jpg
- **sample.jpg**(image/jpeg) - 108835 bytes, last modified: 2024. 8. 29. - 100% done
Saving sample.jpg to sample (1).jpg

4. 코드 설명

1. **Haar Cascade 모델 사용:** OpenCV의 Haar Cascade 모델을 사용하여 얼굴을 감지합니다.

2. **특정 인물의 얼굴 특징 추출:** `extract_face_features` 함수는 특정 인물의 얼굴 이미지에서 특징을 추출합니다.

3. **얼굴 매칭 함수:** `is_matching_face` 함수는 추출된 특징과 현재 프레임의 얼굴이 일치하는지 확인합니다.

4. **비디오에서 인물 추적:** `track_person_in_video` 함수는 비디오를 읽어 프레임마다 얼굴을 감지하고, 특정 인물의 얼굴이 발견된 시간대를 기록하여 SRT 파일로 출력합니다.

5. **시간 형식 변환:** `format_time` 함수는 초 단위의 시간을 SRT 시간 형식(시:분:초,밀리초)으로 변환합니다.

6. **파일 업로드 및 다운로드**
   - `files.upload()`을 사용하여 사용자에게 비디오 파일과 특정 인물의 얼굴 이미지를 업로드하도록 요청합니다.
   - `files.download()`를 사용하여 생성된 SRT 파일을 로컬 컴퓨터로 다운로드합니다.

이 코드는 특정 인물의 얼굴을 기준으로 비디오를 분석하여 인물이 등장하는 시간대를 SRT 형식으로 출력하는 기능을 수행합니다. 다양한 환경에서 동작하도록 맞춤형 조정이 필요할 수 있습니다.

CHAPTER 28

AI를 활용한 썸네일 자동 생성

1. 필요한 라이브러리 설치

`moviepy` 라이브러리가 설치되어 있는지 확인합니다. 설치되어 있지 않다면 다음 명령어를 실행합니다.

```python
!pip install moviepy
```

2. 동영상에서 썸네일 이미지 생성 코드

동영상에서 특정 시점의 프레임을 추출하여 썸네일 이미지를 생성하는 코드입니다.

```python
from moviepy.editor import VideoFileClip

def create_thumbnail(video_path, output_image_path, time=5):
    """
    동영상의 특정 시점에서 썸네일 이미지를 생성하는 함수.

    :param video_path: 입력 동영상 파일 경로
    :param output_image_path: 출력 이미지 파일 경로
    :param time: 썸네일을 추출할 시점 (초 단위)
    """

    # 동영상 파일 읽기
    video = VideoFileClip(video_path)

    # 특정 시간에서 프레임을 캡처하여 이미지로 저장
    video.save_frame(output_image_path, t=time)

# 사용 예시
input_video_path = '/content/sample-videoplayback.mp4'  # 입력 동영상 파일 경로
output_image_path = '/content/thumbnail.png'  # 출력 썸네일 이미지 파일 경로
capture_time = 5  # 썸네일을 추출할 시간 (초)

create_thumbnail(input_video_path, output_image_path, capture_time)
```

3. 썸네일 이미지 다운로드 코드

생성된 썸네일 이미지를 로컬 컴퓨터로 다운로드하는 코드입니다.

```python
from google.colab import files

# 썸네일 이미지 다운로드
files.download('/content/thumbnail.png')
```

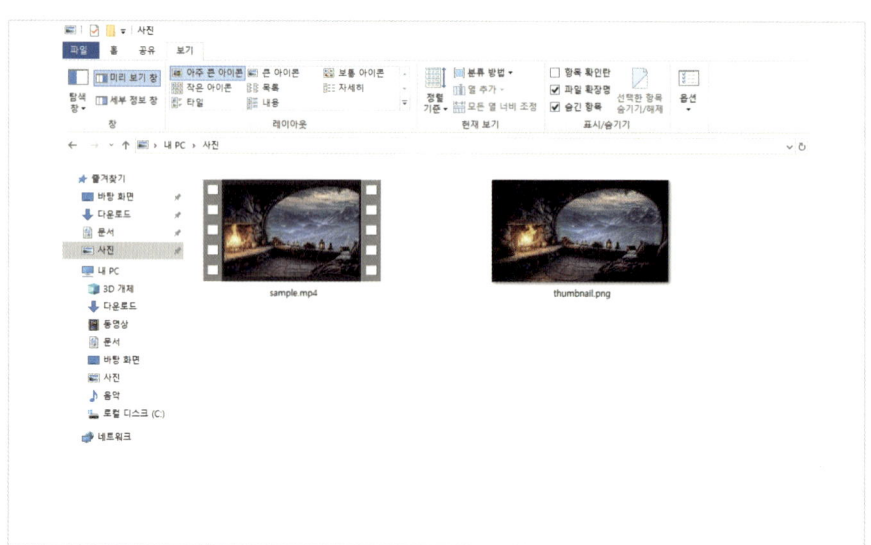

4. 코드 설명

- **'VideoFileClip'**: 'moviepy' 라이브러리를 사용하여 동영상 파일을 읽습니다.
- **'save_frame()'**: 지정된 시간('t' 인자)에서 프레임을 캡처하여 이미지로 저장합니다.
- **'files.download()'**: Colab에서 생성된 파일을 로컬로 다운로드할 수 있도록 합니다.

이 코드를 사용하면 Colab 환경에서 동영상에서 썸네일 이미지를 쉽게 생성하고 로컬 컴퓨터로 다운로드할 수 있습니다.

AI를 활용한 워터마크 자동 추가

동영상에 회사 로고나 텍스트 워터마크를 추가하여 저작권 보호를 강화하는 방법입니다.

적용할 원본 영상 이미지

1. 필요한 라이브러리 설치

`moviepy`가 설치되어 있지 않다면 설치해야 합니다.

```python
!pip install moviepy
```

2. 워터마크 이미지 업로드

먼저, Google Colab에 워터마크 이미지를 업로드합니다.

```python
from google.colab import files
uploaded = files.upload()
```

2. ** 다음과 같이 코드를 코랩에 복사해서 실행합니다.

```python
from moviepy.editor import VideoFileClip, ImageClip, CompositeVideoClip

def add_image_watermark(video_path, watermark_image_path, output_path):
    # 동영상 파일 읽기
    video = VideoFileClip(video_path)

    # 워터마크 이미지 파일 읽기
    watermark = ImageClip(watermark_image_path)

    # 워터마크 크기 조정 (동영상 크기에 비례)
    watermark = watermark.resize(height=int(video.h * 0.2)) # 워터마크 높이를 동영상 높이의 20%로 설정
```

```python
# 워터마크 위치 설정 (정중앙)
watermark = watermark.set_position("center").set_duration(video.duration)

# 워터마크를 동영상 위에 합성
watermarked_video = CompositeVideoClip([video, watermark])

# 결과 비디오 저장
watermarked_video.write_videofile(output_path, codec="libx264", audio_codec="aac")

# 사용 예시
input_video_path = '/content/sample.mp4'  # 입력 동영상 파일 경로
watermark_image_path = '/content/sample.png'  # 워터마크 이미지 파일 경로 (업로드한 파일 이름)
output_video_path = '/content/sample-watermarked.mp4'  # 출력 동영상 파일 경로

add_image_watermark(input_video_path, watermark_image_path, output_video_path)
```

3. 결과 동영상 다운로드

동영상에 워터마크가 추가된 후, Colab에서 생성된 파일을 로컬 컴퓨터로 다운로드할 수 있습니다. 이를 위해 아래 코드를 사용합니다.

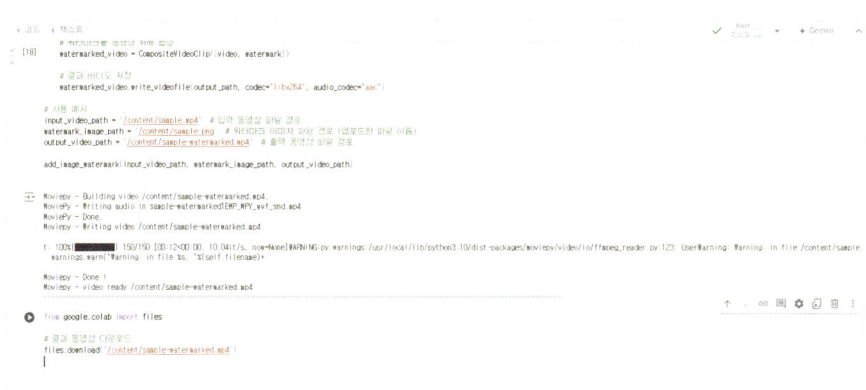

워터마크 적용된 최종 이미지

위의 코드는 지정된 동영상 파일에 텍스트 워터마크를 추가합니다. 워터마크는 동영상의 중앙에 표시됩니다.

4. 코드 설명

- **파일 업로드: files.upload()** 를 사용하여 워터마크 이미지를 Colab에 업로드합니다.
- **워터마크 삽입: add_image_watermark** 함수를 호출하여 동영상에 워터마크를 삽입합니다.
- **파일 다운로드: files.download()** 를 사용하여 워터마크가 삽입된 동영상 파일을 로컬로 다운로드합니다.

이 전체 코드를 실행하면 워터마크 이미지를 동영상의 중앙에 삽입한 후 결과를 다운로드할 수 있습니다. 코드를 순서대로 실행하여 업로드, 변환, 다운로드 작업을 완료하세요.

CHAPTER 30 AI를 활용한 이펙트 자동 적용

동영상에 특정한 색상이나 톤을 적용하는 것은 영상 편집의 중요한 부분입니다. Python의 `moviepy`와 `opencv` 라이브러리를 사용하면 세피아 톤이나 흑백 필터와 같은 다양한 색상 효과를 비디오에 적용할 수 있습니다.

아래는 세피아 톤과 흑백 필터를 동영상에 적용하는 Python 코드입니다. 이 코드는 Google Colab에서 실행되며, 결과를 로컬 컴퓨터로 다운로드할 수 있도록 구성되어 있습니다.

1. 필요한 라이브러리 설치

먼저, 필요한 라이브러리를 설치합니다. Google Colab이나 로컬 환경에서 다음 명령을 실행하세요.

```bash
!pip install moviepy opencv-python
```

2. 세피아 톤과 흑백 필터 적용 코드

다음은 동영상에 세피아 톤 또는 흑백 필터를 적용하고, 결과를 다운로드하는 전체 코드입니다.

python

```python
import cv2
import numpy as np
from moviepy.editor import VideoFileClip
from google.colab import files

# 필터 함수 정의

def apply_sepia(frame):
    """세피아 필터 적용"""
    frame_sepia = cv2.transform(frame, np.matrix([[0.393, 0.769, 0.189],
                    [0.349, 0.686, 0.168],
                    [0.272, 0.534, 0.131]]))
    frame_sepia = np.clip(frame_sepia, 0, 255)
    return frame_sepia.astype(np.uint8)

def apply_black_and_white(frame):
    """흑백 필터 적용"""
    return cv2.cvtColor(frame, cv2.COLOR_BGR2GRAY)

# 비디오 필터 적용 함수 정의
def apply_filter_to_video(input_path, output_path, filter_func):
    """
    비디오에 필터를 적용하는 함수.

    :param input_path: 입력 비디오 파일 경로
    :param output_path: 출력 비디오 파일 경로
    :param filter_func: 프레임에 적용할 필터 함수
    """
    video = VideoFileClip(input_path)

    # 프레임에 필터 적용
    filtered_video = video.fl_image(filter_func)

    # 결과 비디오 저장
    filtered_video.write_videofile(output_path, codec="libx264", audio_codec="aac")
```

print(f»{output_path}에 필터가 적용된 비디오를 저장했습니다.")

# 비디오 파일 업로드
print("비디오 파일을 업로드하세요.")
uploaded = files.upload() # 파일 선택 창이 열리면 비디오 파일을 업로드

# 비디오 파일 경로 설정
input_video = list(uploaded.keys())[0]
output_sepia = "/content/sepia_video.mp4"
output_bw = "/content/bw_video.mp4"

# 세피아 톤 적용
apply_filter_to_video(input_video, output_sepia, apply_sepia)

# 흑백 필터 적용
apply_filter_to_video(input_video, output_bw, apply_black_and_white)

# 결과 비디오 다운로드
files.download(output_sepia)

files.download(output_bw)

3. 코드 설명

1. 필터 함수 정의

- `apply_sepia(frame)`: 이 함수는 주어진 프레임에 세피아 톤을 적용합니다. 행렬 변환을 통해 RGB 값에 세피아 효과를 적용하고, 결과를 `np.clip()`을 사용하여 0에서 255 사이의 유효한 픽셀 값으로 제한합니다.
- `apply_black_and_white(frame)`: 이 함수는 주어진 프레임을 흑백으로 변환합니다. OpenCV의 `cvtColor()` 함수를 사용하여 BGR 색 공간을 그레이스케일로 변환합니다.

2. 비디오 필터 적용 함수

- `apply_filter_to_video(input_path, output_path, filter_func)`: 이 함수는 입력 비디오 파일을 읽어 각 프레임에 필터 함수를 적용하고, 결과를 새로운 비디오 파일로 저장합니다. `fl_image()` 메서드를 사용하여 각 프레임에 필터를 적용합니다.

3. 비디오 파일 업로드

- `files.upload()`: 사용자가 비디오 파일을 업로드할 수 있도록 Colab에서 파일 업로드 인터페이스를 제공합니다.

4. 세피아 톤 및 흑백 필터 적용

- 업로드된 비디오 파일에 대해 세피아 톤과 흑백 필터를 각각 적용하여 결과 비디오 파일을 생성합니다.

5. 결과 비디오 다운로드

- `files.download()`를 사용하여 생성된 결과 비디오 파일을 로컬 컴퓨터로 다운로드합니다.

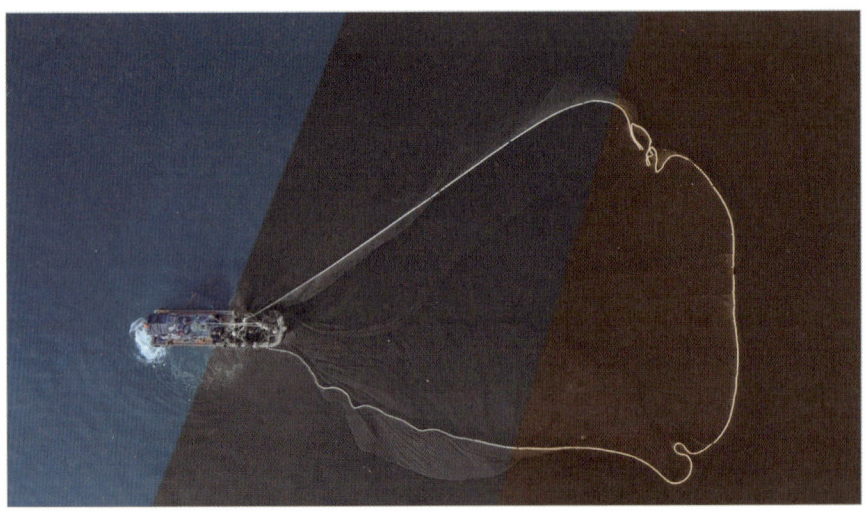

이 코드를 사용하여 비디오에 다양한 색상 및 톤 효과를 쉽게 적용할 수 있습니다. 필요에 따라 다른 필터 함수도 추가할 수 있습니다.

CHAPTER 31

AI를 활용한 포맷별 자동 출력

동영상의 비율을 변경하여 다양한 플랫폼에 맞는 형식으로 자동 변환하는 코드를 작성할 수 있습니다. 예를 들어, 쇼츠(YouTube Shorts)용 비율(9:16)과 인스타그램용 비율(1:1)로 변환하는 코드가 필요할 수 있습니다. 이를 위해 'moviepy' 라이브러리를 사용하여 원본 동영상의 비율을 변경하고, 필요하다면 잘라내거나 패딩을 추가하여 맞출 수 있습니다.

아래는 이러한 변환 작업을 수행하는 Python 코드입니다.

1. 필요한 라이브러리 설치

'moviepy'가 설치되어 있지 않다면 설치해야 합니다.

```python
!pip install moviepy
```

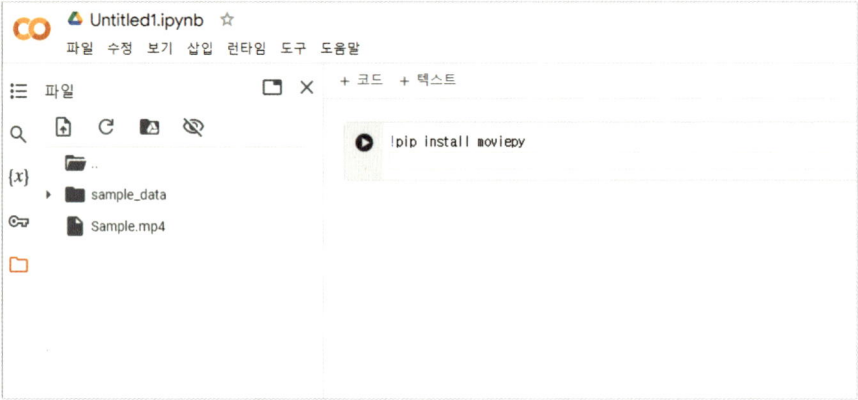

2. 동영상 비율 변환 함수

아래 코드에서는 원본 영상을 다양한 비율로 변환하여 저장하는 함수를 정의합니다.

```python
from moviepy.editor import VideoFileClip

def resize_video_to_aspect_ratio(video_path, output_path, target_ratio, method='crop'):
    """
    동영상을 지정한 비율로 변환하여 저장하는 함수.
```

```python
:param video_path: 입력 동영상 파일 경로
:param output_path: 출력 동영상 파일 경로
:param target_ratio: 목표 비율 (예: 9/16)
:param method: 변환 방식 ('crop' 또는 'pad')
"""
video = VideoFileClip(video_path)
original_ratio = video.w / video.h

if original_ratio > target_ratio:
    # 원본 비율이 목표 비율보다 넓은 경우, 세로 중심으로 자름
    new_width = int(target_ratio * video.h)
    if method == 'crop':
        resized_video = video.crop(x_center=video.w / 2, width=new_width)
    elif method == 'pad':
        resized_video = video.resize(width=new_width).margin(right=(video.w - new_width) // 2, color=(0, 0, 0))
else:
    # 원본 비율이 목표 비율보다 좁은 경우, 가로 중심으로 자름
    new_height = int(video.w / target_ratio)
    if method == 'crop':
        resized_video = video.crop(y_center=video.h / 2, height=new_height)
    elif method == 'pad':
        resized_video = video.resize(height=new_height).margin(top=(video.h - new_height) // 2, color=(0, 0, 0))

resized_video.write_videofile(output_path, codec="libx264", audio_codec="aac")

# 사용 예시: 쇼츠용 (9:16) 비율로 변환
input_video_path = '/content/sample-videoplayback.mp4' # 입력 동영상 파일 경로
shorts_output_path = '/content/sample-videoplayback_shorts.mp4' # 출력 동영상 파일 경로 (쇼츠용)

resize_video_to_aspect_ratio(input_video_path, shorts_output_path, target_ratio=9/16, method='crop')
```

# 사용 예시: 인스타그램용 (1:1) 비율로 변환
instagram_output_path = '/content/sample-videoplayback_instagram.mp4' # 출력 동영상 파일 경로 (인스타그램용)

resize_video_to_aspect_ratio(input_video_path, instagram_output_path, target_ratio=1/1, method='crop')

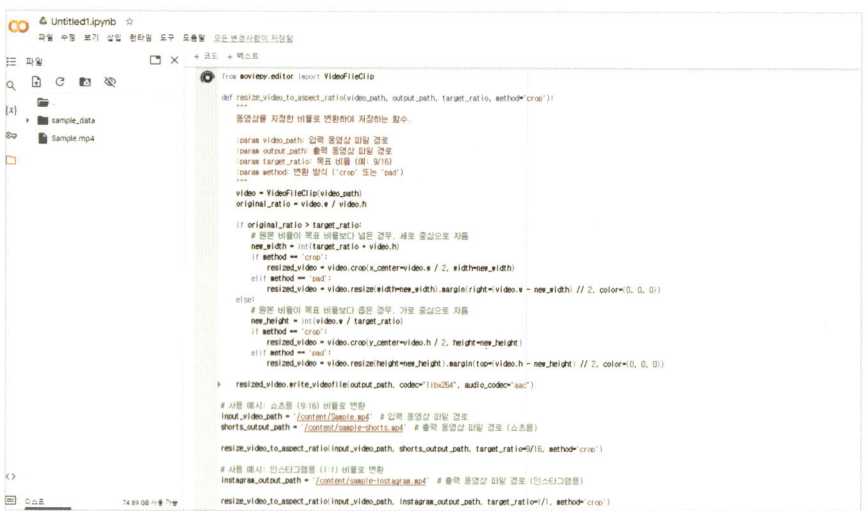

3. 코드 설명

- `resize_video_to_aspect_ratio()` 함수는 입력된 동영상 파일의 비율을 지정된 비율로 변환하고, 지정된 파일 경로에 저장합니다.

- `target_ratio`: 목표 비율입니다. 쇼츠용(9:16)은 '9/16', 인스타그램용(1:1)은 '1/1'로 설정합니다.
- `method`: 변환 방식입니다. 'crop'을 사용하면 비율에 맞게 자르고, 'pad'를 사용하면 비율에 맞게 패딩을 추가합니다. 이 코드에서는 'crop' 방식으로 설정하여 동영상의 중간 부분을 기준으로 잘라냅니다.

4. 결과 확인 및 다운로드

아래 명령을 사용하여 변환된 동영상 파일을 다운로드할 수 있습니다.

python

```
from google.colab import files
```

쇼츠용 비율로 변환된 동영상 다운로드

```
files.download('/content/sample-videoplayback_shorts.mp4')
```

인스타그램용 비율로 변환된 동영상 다운로드

```
files.download('/content/sample-videoplayback_instagram.mp4')
```

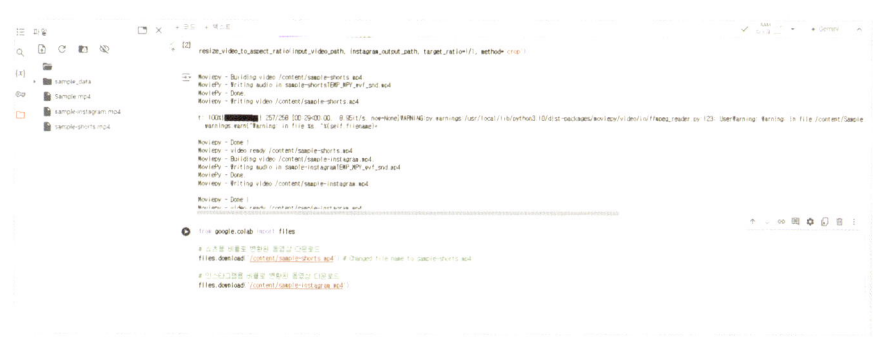

이 코드는 Google Colab에서 실행할 수 있으며, 원본 동영상을 다양한 플랫폼에 맞게 자동으로 변환하여 저장할 수 있습니다. 필요에 따라 다른 비율로도 쉽게 확장하여 사용할 수 있습니다.

Adobe Firefly와 Premiere Pro 연계 방법

Adobe Firefly란?

Adobe Firefly는 텍스트 프롬프트를 통해 이미지를 생성하거나 그래픽 요소를 수정하는 생성형 AI 도구입니다. 디자인, 마케팅, 콘텐츠 제작에서 창의적인 결과물을 쉽게 만들 수 있도록 도와줍니다. Firefly는 Adobe의 다양한 애플리케이션과 연동하여 사용자의 작업 효율성을 극대화합니다.

Firefly에서 프롬프트 작성 방법

1. 명확하고 구체적인 요청

- 프롬프트에 원하는 스타일, 색상, 주제 등을 명확하게 포함합니다.

예: 붉은 색조의 추상 배경 이미지 생성.

2. 세부 사항 추가

- 원하는 크기, 형식, 기타 세부 사항을 명시합니다.

  예: 1920x1080 해상도의 디지털 아트 배경 생성.

3. 비교를 활용한 설명

- 이미 존재하는 이미지나 스타일을 기준으로 설명합니다.

  예: 블루 계열의 수채화 배경, 반 고흐의 별이 빛나는 밤을 참고.

Firefly와 Premiere Pro 연동 방법

1. 이미지 생성 및 편집

- Firefly에서 생성된 이미지를 Premiere Pro 프로젝트로 가져와 비디오 배경으로 활용합니다. 예를 들어, 특정 분위기에 맞는 배경을 Firefly에서 생성한 후 Premiere Pro에 삽입하여 비디오의 시각적 일관성을 유지할 수 있습니다.

2. 타이틀 및 자막 디자인

- Firefly에서 디자인한 타이틀 그래픽을 Premiere Pro로 가져와 타이틀 시퀀스에 삽입합니다. 프롬프트를 통해 맞춤형 텍스트 디자인을 생성하고, 이를 자막으로 사용하여 비디오에 통합합니다.

3. 비디오 장면 강화

- Firefly를 활용해 특정 장면에 맞는 시각적 효과를 생성하고, 이를 Premiere Pro에서 비디오에 적용합니다. 예를 들어, 장면 전환에 맞는 독특한 그래픽 효과를 Firefly에서 생성하여 비디오의 시각적 임팩트를 강화합니다.

4. 프롬프트를 활용한 창의적 요소 추가

- Firefly를 통해 독특한 프롬프트를 사용해 새로운 창의적 요소를 만들어 비디오의 개성을 강화할 수 있습니다. 예를 들어, "미래적인 도시 풍경"이라는 프롬프트를 사용해 배경을 만들고, Premiere Pro에서 이를 비디오 배경으로 활용합니다.

Firefly와 Premiere Pro의 시너지

Adobe Firefly와 Premiere Pro를 결합하면, 사용자는 더 창의적이고 일관된 비디오 콘텐츠를 제작할 수 있습니다. Firefly의 생성형 AI 기능을 활용하여 원하는 시각적 요소를 생성하고, Premiere Pro에서 이를 비디오 편집에 통합함으로써 작업 효율성을 극대화하고 콘텐츠의 퀄리티를 높일 수 있습니다.

Adobe Express 활용 방법

Adobe Express란?

Adobe Express는 사용자가 쉽게 비주얼 콘텐츠를 만들 수 있도록 도와주는 클라우드 기반의 도구입니다. 이 도구는 포스터, 소셜 미디어 그래픽, 웹 페이지, 동영상 등을 빠르고 간편하게 제작할 수 있게 해줍니다. Adobe Express는 직관적인 인터페이스와 다양한 템플릿, 그래픽 요소를 제공하여 디자인 경험이 없어도 높은 품질의 콘텐츠를 제작할 수 있도록 지원합니다.

Adobe Express의 주요 기능

1. 템플릿 사용

- 다양한 템플릿을 제공하여 사용자는 빠르게 시작할 수 있습니다. 소셜 미디어 포스트, 프레젠테이션, 브로슈어 등 다양한 유형의 콘텐츠에 맞춘 템플릿을 선택할 수 있습니다.
- 템플릿을 선택한 후, 사용자는 텍스트, 이미지, 색상 등을 쉽게 커스터마이즈할 수 있습니다.

2. 드래그 앤 드롭 편집

- Adobe Express는 드래그 앤 드롭 방식의 편집 기능을 제공하여, 사용자가 이미지, 아이콘, 텍스트 등을 손쉽게 조작할 수 있습니다.
- 직관적인 인터페이스로 복잡한 디자인 작업도 간단하게 처리할 수 있습니다.

3. 이미지 및 아이콘 라이브러리

- Adobe Express는 수천 개의 무료 이미지와 아이콘 라이브러리를 제공하여 사용자가 다양한 시각적 요소를 추가할 수 있도록 지원합니다.
- 필요에 따라 Adobe Stock을 통해 추가적인 이미지나 그래픽을 사용할 수도 있습니다.

4. 비디오 편집

- 간단한 비디오 편집 기능도 제공하여, 짧은 동영상을 만들거나 소셜 미디어용 동영상을 제작할 수 있습니다.
- 텍스트 오버레이, 전환 효과, 음악 추가 등 기본적인 편집 작업을 손쉽게 할 수 있습니다.

5. 웹 페이지 제작

- Adobe Express를 사용하여 간단한 웹 페이지를 제작할 수 있습니다. 소개 페이지, 포트폴리오, 이벤트 페이지 등을 쉽게 만들 수 있습니다.
- 템플릿을 사용해 콘텐츠를 배치하고, 이미지를 추가하며, 자신의 스타일에 맞게 웹 페이지를 꾸밀 수 있습니다.

Adobe Express와 다른 Adobe 제품과의 연동

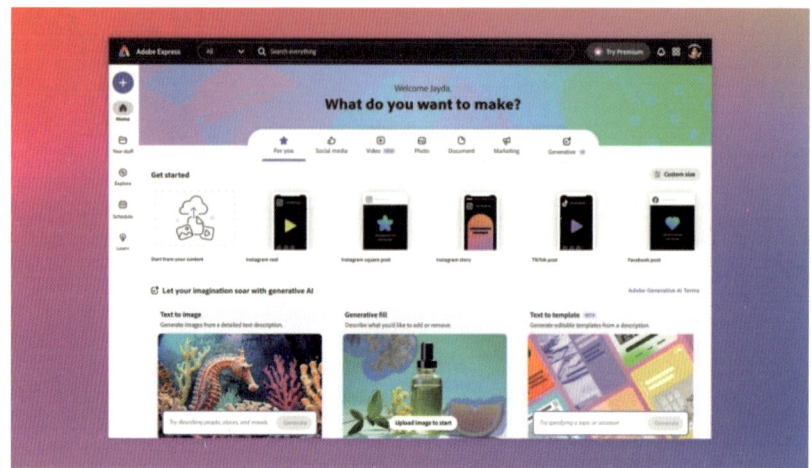

1. Premiere Pro와의 연동

- Adobe Express에서 제작한 그래픽이나 비디오 요소를 Premiere Pro 프로젝트에 통합할 수 있습니다. 예를 들어, 소셜 미디어용으로 제작한 짧은 비디오 클립을 Premiere Pro에서 더욱 세부적으로 편집할 수 있습니다.
- Adobe Creative Cloud를 통해 Express에서 만든 콘텐츠를 다른 Adobe 제품으로 쉽게 가져오거나 내보낼 수 있습니다.

2. Adobe Photoshop 및 Illustrator와의 연동

- Adobe Express에서 시작한 디자인을 Photoshop이나 Illustrator에서 더 정교하게 수정할 수 있습니다. 이를 통해 간단한 디자인 작업을 Express에서 빠르게 완료하고, 필요에 따라 전문가 수준의 편집을 진행할 수 있습니다.

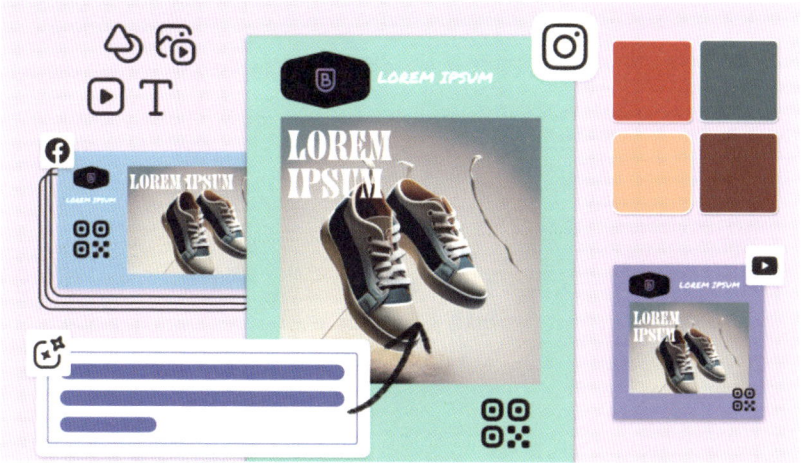

Adobe Express 활용 사례

1. 소셜 미디어 마케팅

- 브랜드 홍보용 콘텐츠를 빠르게 제작하여 소셜 미디어에 게시할 수 있습니다. 정기적으로 업데이트가 필요한 콘텐츠를 쉽게 제작하고 관리할 수 있습니다.

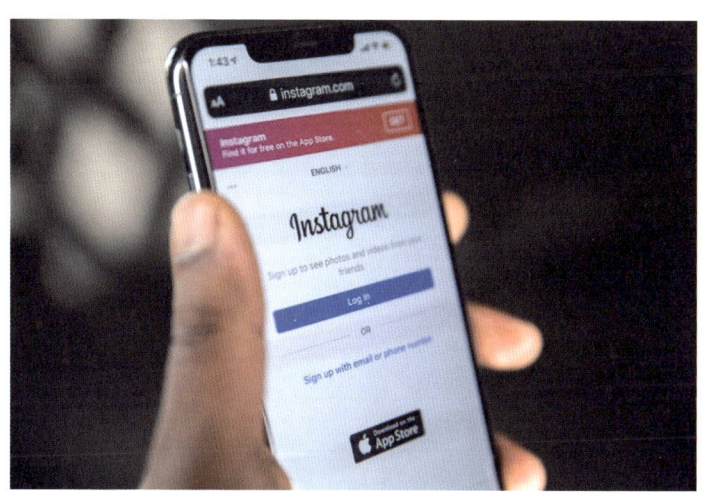

2. 프레젠테이션 및 보고서 디자인

- 비즈니스 프레젠테이션이나 보고서를 위한 시각적 자료를 제작할 때 유용합니다. 이미 만들어진 템플릿을 활용하여 짧은 시간 안에 효과적인 자료를 만들 수 있습니다.

3. 이벤트 및 광고 캠페인

- 이벤트 홍보용 포스터, 온라인 광고 배너 등을 쉽게 제작할 수 있으며, 다양한 채널에 맞는 포맷으로 내보낼 수 있습니다.

Adobe Express는 비주얼 콘텐츠 제작을 단순화하면서도 강력한 기능을 제공하여, 다양한 유형의 디자인 작업을 손쉽게 처리할 수 있도록 돕습니다. Premiere Pro 및 다른 Adobe 제품과 연동하여, Adobe Express에서 시작한 작업을 더 깊이 있는 편집과 디자인으로 발전시킬 수 있습니다.

플러그인 및 템플릿 구매 사이트 소개

1. 플러그인 구매 사이트

『AEScripts』 (https://aescripts.com/premiere-pro/)

AEScripts는 Adobe Premiere Pro와 기타 Adobe 소프트웨어를 위한 다양한 플러그인을 제공하는 웹사이트입니다. 이 사이트에서는 타임라인 정리, 효과 적용, 텍스트 애니메이션 등 다양한 기능을 제공하는 플러그인을 구매할 수 있습니다. AEScripts의 플러그인들은 편집 작업을 더욱 효율적이고 창의적으로 만드는 데 도움을 줍니다.

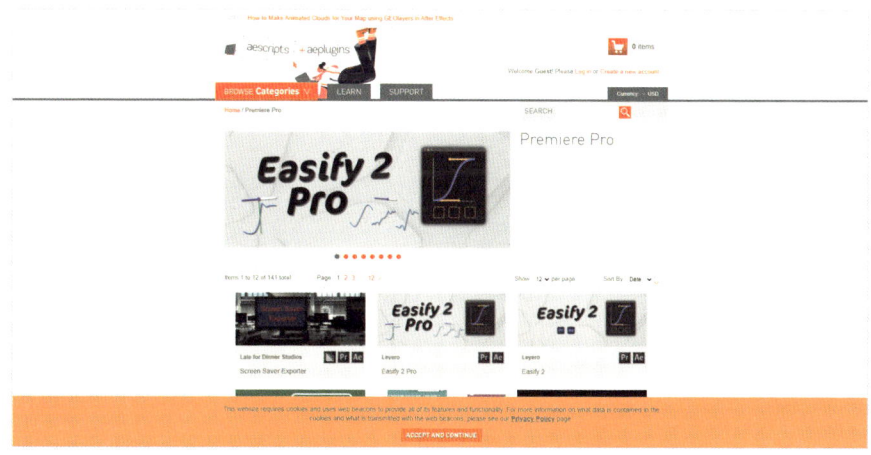

2. 템플릿 구매 사이트

『Motion Array』(https://motionarray.com/browse/premiere-pro-templates/)

Motion Array는 고품질의 비디오 템플릿을 제공하는 플랫폼으로, Premiere Pro 사용자에게 다양한 프로젝트에 사용할 수 있는 템플릿을 제공합니다. 이 사이트에서는 제목 시퀀스, 슬라이드쇼, 로고 애니메이션 등 다양한 스타일의 템플릿을 구매하여 다운로드할 수 있습니다. Motion Array의 템플릿은 편집 시간 단축과 시각적 일관성 유지를 도와줍니다.

3. 강력한 편집 자동화 플러그인 AutoPod

AutoPod는 팟캐스트 편집을 위한 자동화 솔루션으로, Adobe Premiere Pro와 같은 비디오 편집 소프트웨어에서 쉽게 사용할 수 있는 플러그인입니다. AutoPod는 AI 기술을 활용하여 편집 프로세스를 자동화하고, 팟캐스트 에피소드의 품질을 향상시킵니다. 이 플러그인은 여러 카메라 각도와 오디오 트랙을 자동으로 분석하여 최적의 편집점을 생성하고, 불필요한 부분을 제거하여 시간과 노력을 절감해 줍니다.

주요 기능에는 다음이 포함됩니다.

1. **자동 컷 및 전환:** AI를 사용하여 여러 카메라와 오디오 트랙에서 최적의 컷을 자동으로 선택하고 전환을 적용합니다. 이를 통해 인터뷰나 토론 형태의 팟캐스트를 간편하게 편집할 수 있습니다.

2. **대화 분석:** AutoPod는 오디오 트랙에서 대화를 분석하여 적절한 편집점을 제안하며, 각 화자의 발언이 명확하게 전달될 수 있도록 편집을 돕습니다.

3. **필요 없는 부분 제거:** 주제에 벗어나거나 불필요한 침묵, "음", "아" 같은 말버릇이 포함된 부분을 자동으로 감지하고 제거하여 에피소드의 흐름을 개선합니다.

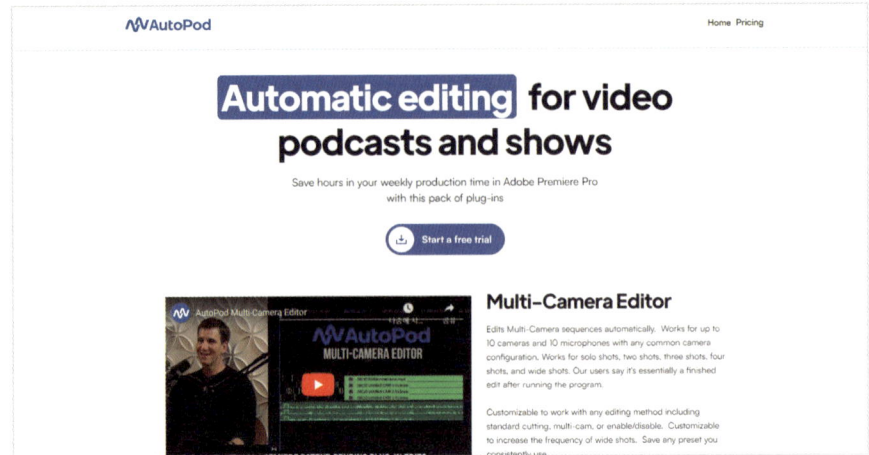

사용 방법

1. **AutoPod 설치:** Adobe Premiere Pro 플러그인으로 설치한 후, 편집 프로젝트에 AutoPod를 추가합니다.

2. **오디오 및 비디오 파일 입력:** 팟캐스트의 원본 오디오와 비디오 파일을 타임라인에 배치합니다.

3. **AutoPod 실행:** 플러그인을 실행하여 자동으로 컷 편집, 전환, 불필요한 부분 제거 등의 작업을 수행합니다.

4. **편집 결과 검토:** 생성된 편집 결과물을 검토하고, 필요에 따라 수동으로 추가 조정할 수 있습니다.

AutoPod는 팟캐스트 제작자와 비디오 편집자가 시간과 노력을 절약하면서도 높은 품질의 콘텐츠를 제작할 수 있도록 돕는 강력한 도구입니다.

4. 편집을 자동하는 AI 플러그인 Finecut

FireCut.ai는 비디오 편집, 특히 멀티카메라 설정과 인터뷰, 팟캐스트 같은 복잡한 편집 작업을 자동화하는 AI 기반의 도구입니다. 이 도구는 오디오와 비디오 트랙을 분석하여 자동으로 편집점을 생성하고, 가장 적합한 장면을 선택하여 컷 전환을 수행합니다. FireCut.ai는 편집자들이 수동으로 편집하는 시간을 줄여주며, 빠르고 일관성 있는 결과물을 만들어줍니다. 이로 인해 크리에이터와 비디오 편집자들이 고품질의 콘텐츠를 효율적으로 제작할 수 있습니다.

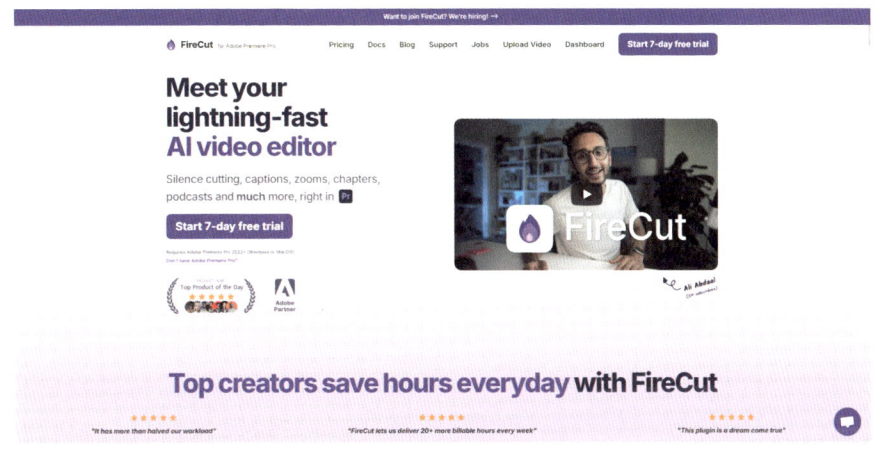

자세한 정보는 **[FireCut.ai 웹사이트] (https://firecut.ai)**에서 확인할 수 있습니다.

FireCut.ai는 비디오 편집을 혁신적으로 간소화하는 AI 도구로, 다음과 같은 주요 기능을 제공합니다.

1. **자동 침묵 제거:** 비디오에서 불필요한 침묵 부분을 빠르게 잘라내어 편집 시간을 단축합니다.

2. 자동 자막 생성: 50개 이상의 언어로 자막을 자동 생성하여 시청자의 이해도를 높입니다.

3. 팟캐스트 편집: 컨텐츠에 따라 카메라 전환을 자동으로 수행합니다.

4. 챕터 생성: AI를 활용해 자동으로 챕터를 감지하고, 인트로 슬라이드를 생성합니다.

5. 줌 컷 추가: 중요한 순간에 자동으로 줌 인 효과를 추가해 깊이감을 더합니다.

이 도구는 편집 효율성을 극대화하여 크리에이터들이 콘텐츠 제작에 더 집중할 수 있도록 지원합니다.

Adobe Premiere Pro 필수 단축키

Premiere Pro에서 효율적인 작업을 위해 자주 사용되는 필수 단축키는 다음과 같습니다:

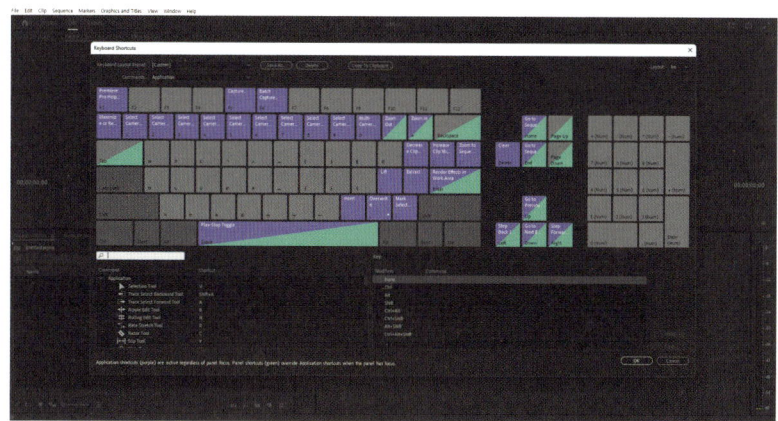

1. 공통 단축키

- **Ctrl + S (Cmd + S on Mac)**: 프로젝트 저장
- **Ctrl + Z (Cmd + Z on Mac)**: 실행 취소
- **Ctrl + C (Cmd + C on Mac)**: 복사
- **Ctrl + V (Cmd + V on Mac)**: 붙여넣기
- **Ctrl + X (Cmd + X on Mac)**: 잘라내기

2. 편집 및 타임라인 제어

- **C**: 자르기 도구 (Razor Tool)
- **V**: 선택 도구 (Selection Tool)
- **B**: Ripple 편집 도구 (Ripple Edit Tool)
- **N**: 롤 편집 도구 (Rolling Edit Tool)

- **Q**: 인점(왼쪽)으로부터 컷 제거
- **W**: 아웃점(오른쪽)으로부터 컷 제거
- **D**: 클립 선택 (타임라인에서 현재 시간 위치의 모든 클립 선택)
- ***** (Backslash): 전체 시퀀스를 타임라인에 맞게 보기

3. 재생 및 이동

- **Spacebar**: 재생/정지
- **J**: 뒤로 재생
- **K**: 정지
- **L**: 앞으로 재생
- **Left Arrow / Right Arrow**: 프레임 단위로 이동
- **Up Arrow / Down Arrow**: 이전/다음 편집점으로 이동

4. 마커

- **M**: 마커 추가
- **Ctrl + M (Cmd + M on Mac)**: 내보내기 설정 열기

5. 확대 및 축소

- **+ / −**: 타임라인 확대/축소

이러한 단축키를 숙지하면, Premiere Pro에서의 편집 속도와 효율성을 크게 향상시킬 수 있습니다.

AI를
활용한
프리미어
사용가이드

영상전문pd가 알려주는
Premiere Pro 활용법

발행일	2024. 11. 08
지은이	장세인
발행인	신정범
발행처	위메이크북
주 소	서울시 성북구 화랑로 211 성북벤처창업지원센터 209호
E-mail	wemakebookno1@gmail.com
ISBN	979-11-987380-9-7 03500
가 격	22,000원

*저작권법에 의해 보호를 받는 저작물이므로 무단 전재와 복제를 금합니다.
*위 도서는 wemakebook.co.kr 플랫폼에서 집필하고 출판된 작품입니다.